Gerhard Blaboll

Montenegrinische Geschichten

Die verlorene Unschuld

VERLAG BERGER

Für Marianne

Dieses Buch entstand mit freundlicher Unterstützung von:

© 2013 Verlag Berger Horn-Wien
1. Auflage 2013
Autor: Gerhard Blaboll
ISBN: 978-3-85028-607-7

Printed in Austria
Umschlaggestaltung, Satz: Martin Spiegelhofer
Lektorat: Reinelde Motz-Linhart
Druck: Ferdinand Berger & Söhne Ges.m.b.H., 3580 Horn, Wiener Straße 80

Das Werk ist urheberrechtlich geschützt. Die dadurch begründeten Rechte, insbesondere die der Übersetzung, des öffentlichen Vortrags, des Nachdruckes, der Entnahme von Abbildungen, der Funksendungen, der Wiedergabe auf fotomechanischem oder ähnlichem Wege, der Wiedergabe im Internet und der Speicherung in Datenverarbeitungsanlagen, bleiben, auch bei nur auszugsweiser Verwendung, vorbehalten.

Informationen zum Verlagsprogramm erhalten Sie unter: www.verlag-berger.at

Inhaltsverzeichnis

Ante skriptum 5

Karte 10

KAPITEL 1
Ich – 2. September 2010 11

KAPITEL 2
Julija – 29. Juni 1389 20

KAPITEL 3
Leonardo – 16. August 1539 30

KAPITEL 4
Ljes – 20. Juli 1698 39

KAPITEL 5
Rajko – 2. April 1913 47

KAPITEL 6
Mihajla – 1. August 1913 55

KAPITEL 7
Aleksandar – 9. Oktober 1934 64

KAPITEL 8
Kyrill – 22. April 1944 73

KAPITEL 9
Vuk – 11. Jänner 1964 84

KAPITEL 10
Vasilje – 15. August 1985   93

KAPITEL 11
Franjo – 25. Juni 1991   102

KAPITEL 12
Dragana – 20. Februar 1993   110

KAPITEL 13
Ksenija – 4. Februar 2003   116

KAPITEL 14
Slava – 11. November 2006   126

KAPITEL 15
Rado – 1. April 2007   137

KAPITEL 16
Dorka – 13. Oktober 2007   148

KAPITEL 17
Boris – 8. August 2008   159

KAPITEL 18
Vlasta – 30. August 2009   170

KAPITEL 19
Orbán – 12. September 2031   178

KAPITEL 20
Ich – 26. Juli 2013   189

ANTE SKRIPTUM

Die erste und die letzte Geschichte in dem vorliegenden Buch „Montenegrinische Geschichten. Die verlorene Unschuld" tragen denselben Titel, nämlich: „Ich". Prima vista sind sie nur durch das jeweilige Datum, „2. September 2010" und „26. Juli 2013", unterscheidbar. Sie nehmen direkt Bezug auf den Autor, der sein schreibendes Ego unmaskiert präsentiert: Gerhard Blaboll lädt zum philosophierenden Mitdenken ein. So gesehen sind diese beiden Erzählungen eher als persönliche Reflexionen zu lesen. Die anderen achtzehn auch ohne historische Vorkenntnisse leicht nachvollziehbaren Geschichten, mit denen der Autor seine Leser in seinen Bann zieht, bilden eine Brücke, die im Jahr 1389 beginnt und 2031 in der Zukunft endet. Sie variieren das Thema, wenngleich die historische Gewandung in unterschiedliche Zeiten führt.

Ausgangspunkte der Überlegungen – der Buchtitel ist eindeutig und lässt keinen Interpretationsspielraum zu – sind sowohl Montenegro als auch das Thema Unschuld. Graham Greene formulierte in „Der stille Amerikaner": „Die Unschuld ist eine Form des Wahnsinns."

Fast könnte man meinen, Greene habe diesen Satz über den Balkan mit seinen Regionen und Völkerschaften sowie Religionen geschrieben. Die politischen Verhältnisse am Balkan waren nie einfach und die Perioden, in denen Menschen nicht Objekte der Geschichte waren, sondern deren Subjekte, sind eher selten gewesen. Wahrscheinlich ist aber auch schon der Begriff „selten" übertrieben, weil zu „selten" auch der Begriff „schichtspezifisch" hinzutreten muss. Und eben das stellen die spannenden Geschichten von Gerhard Blaboll nachhaltig unter Beweis.

Eine christliche Frau des Jahres 1389 – sie trägt den Namen Julija –, die von der osmanischen Soldateska geschändet wurde, ist Opfer der Geschichte und gleichzeitig sicherlich nicht unschuldig im Sinne der bewahrten Jungfernschaft, dafür aber unschuldig im Sinne der Naivität: ihr Leben dem Glauben zu weihen, der ein Paradies nach der irdischen Drangsal verspricht. „Denn es war immer noch besser, mit eingeschlagenen Zähnen und einem zerschnittenen Gesicht in die Sklaverei zu stolpern, als ohne Absolution den sofortigen Weg ins Fegefeuer anzutreten." Wobei das Fegefeuer die mildere Variante der Hölle für zu sühnende Verfehlungen ist. Da sind im religiösen Strafrahmen ganz andere Vergeltungsmaßnahmen gegeben. Eine mögliche Erklärung über dieses naive Verhalten, das zum Objekt macht, findet sich in der im Buch folgenden Erzählung „Leonardo", die im Jahr 1539 angesiedelt ist: „Gott der Herr lässt sich nicht in die Karten schauen. Er mischt und gibt, wie es ihm passt." Das macht den Menschen zum Objekt, bzw. er macht sich selbst dazu, weil alle Gegebenheiten der Welt nichts anderes sind als Gefälligkeiten eines allmächtigen Gottes. Das versetzt den unbeirrbar Glaubenden aber auch in einen Zustand einer absoluten Unschuld, weil man seine Taten im (eingebildeten) Einverständnis eines Gottes durch- und ausführt und im Bedarfsfall sogar exekutiert. Diese Form des Glaubens hebt den Menschen aus seiner Verantwortung und er kann sich dadurch nach den von ihm internalisierten Werten moralisch unschuldig fühlen. Das hat freilich strafrechtlich keine Konsequenzen, der Mensch/der Täter bleibt auch weiterhin belangbar.

In der schon erwähnten Erzählung „Leonardo" steht folgende Bemerkung über die Besiedlung Montenegros: „Das sind doch in Wahrheit lediglich Sippen oder kleinere Stämme, die das Schicksal hierher gespült hat und die seither in ihren Clans zusammenleben. Sie sind so unbedeutend, dass sie sich nie und nimmer gegen die Osmanen behaupten können ..." Solche Behauptungen lassen sich in der antiken Literatur (man denke an Gaius Julius Caesar „De bello Gallico") ebenso finden wie in den Aussagen zu kolonialen Eroberungen. Paternalistisches Verhalten ist die Folge, wenn politische Mächte meinen, andere Völker nur dann schützen zu können, wenn diese in den eigenen Herrschaftsbereich eingegliedert sind. Auch in diesem Zusammenhang wären die Fragen nach Unschuld zu stellen. Sind die, von – je nach Sichtweise – der westlichen oder nördlichen Lebensweise, unberührt lebenden Völker wirklich „unschuldig"?

Doch die reichhaltigen Erzählungen von Gerhard Blaboll sind nicht als Abrechnung mit dem Kolonialismus zu lesen, obwohl die Serbisierungstendenzen im früheren Jugoslawien unmissverständlich angesprochen werden. Vielmehr handelt es sich um Berichte, in denen die Fragilität des Menschseins sichtbar wird. Wenn zwei Kriegsinvalide des Jahres 1913 über ihre nicht heilbaren Verletzungen lachen und dies vom Autor mit dem Satz kommentiert wird „Und nur wer genau hinhörte, konnte die Angst und die Verzweiflung darin hören", erkennt, dass Blaboll an der Leidensfähigkeit des Menschen Maß nimmt, um die Schwierigkeit, die einem das Schicksal auferlegt, weil man als Objekt des Geschehens Bewegter ist und nicht Beweger, in literarische Sprache zu übertragen.

Angst und Verzweiflung sind bekanntlich häufig äußerst schlechte Ratgeber im menschlichen Verhalten. Radikale Ausbrüche aus gesellschaftlich verfahrenen Situationen waren und sind die Folge. Radikal in die falsche Richtung, weil es manche verstanden, die Angst und die Verzweiflung für ihre (unheilige) Sache zu instrumentalisieren. In der Erzählung „Mihajla" – auch sie ist im Jahr 1913 angesiedelt – wird von der Gefahr des „Islam von innen" geredet. Die Folge war ein Pogrom. Blaboll flicht in diese Geschichte Teile des legendären „Bergkranz" ein, in dem es unter anderem heißt: „Und der Tod grinst hässlich aus dem Schädel". Das wechselseitige Schlachten im Namen des Gottes, seiner Lehre und seiner Propheten hat dort Tradition. Wenn die eine Seite sagt: „Mohammed, wer dient, lässt nicht von Torheit " und wenn die andere sagt: „Türkenglaube kann nicht Unglimpf dulden", sind die besten Voraussetzungen zum Blutvergießen gegeben. Genau in diesen Konflikt stellt Blaboll die Heldin seiner Erzählung, die in ihrer religiösen Verblendung während der Vernichtung von Muslimen zu behaupten vermag: „Ich will sie nicht verletzen, aber wenn sie mir und der Wahrheit im Weg stehen, muss ich auch das in Kauf nehmen."

Diese Erzählung führt mehrere Komponenten zusammen: Sie ist nach dem erschreckenden Blutvergießen während der Balkankriege im zweiten Jahrzehnt des 20. Jahrhunderts geschrieben, sodass man meinen kann, hinter dem früheren Massaker bereits die späteren aufleuchten zu sehen. In dieser Erzählung kommt aber auch ein Christ um, der Mihajla von ihrem Treiben abhalten will. Sie vermag die Stimme der Menschlichkeit nicht mehr zu hören.

Besteht die Möglichkeit, dass nicht Hören- bzw. nicht Sehenkönnen ein Webfehler in der Grundausstattung menschlichen Empfindens ist? Zu dieser Frage geleitet die Erzählung „Kyrill", die im Jahr 1944 angesiedelt ist. Natürlich weiß jeder, der sich nicht konsequent der Bibellektüre verweigert, dass – wie im Text zu lesen – „Gott den Menschen mit seinem Ebenbild begnadet und ihm die Macht des ewigen Lebens geschenkt hat". Angesichts von Konzentrationslagern, in denen Ebenbilder andere Ebenbilder geschunden und ermordet haben, ist die Blaboll'sche Frage schon berechtigt: „Könnte es denn sein, dass das Alte Testament in diesem Punkt ein wenig unvollständig war?"

Aus dem bisher Ausgeführten ergibt sich, dass neben dem historischen Stafettenlauf durch die Geschichte anhand einzelner Ereignisse, die bekannte wie auch „namenlose" Persönlichkeiten in den Mittelpunkt stellen, ein weiterer Zusammenhang gegeben ist: Es finden sich viele interessante Überlegungen und Kommentare, die über das einzelne Ereignis hinausgehen und die Erzählungen zu einem Netz verknüpfen.

Solche Bemerkungen sind daher für das gesamte Buch mitzudenken.

Und wenn man bereit ist, Literatur so ernst zu nehmen, dass das verschriftliche Wort mehr ist als bloß ein ästhetisches Spiel, sondern Reflexionen zur *Condition humaine,* dann wächst das Buch über die bedruckten Seiten hinaus. Es reflektiert anhand einer Region und der Frage nach „Unschuld" Kulturbestimmendes, das bei aller Unterschiedlichkeit der europäischen Traditionen etwas Verbindendes ist.

Coda:
Dass die Menschen zu unterschiedlichen Zeiten auf höchst verschiedene Weise zu Objekten gemacht wurden, ist eine Binsenweisheit. Im Augenblick scheint sich in Europa das wechselseitige Massakrieren nur auf Randgruppen zu beschränken. Dafür gibt es im Sinne des Konsumerismus eine Einschläferung des rebellischen Gedankens, und wer etwas weiß, was man besser nicht weiß, wird solange „geschmiert", bis das Gewissen schläft. Dort endet der Bogen der Erzählungen. In einer Welt der elektronischen Wunder (vorzugsweise „made in China") läuft alles finanziell gut gebuttert und sorgt für Wohlbehagen. Das ist eine Unschuld, die weder von Sünde befreit und das Karma verbessert, noch eine, die sich wegen ihrer Nacktheit (es gibt auch die psychische!) schämt. Solch eine Welt entwirft Gerhard Blaboll für 2031. Wenn es sich die EU leisten kann oder will, wird sie für die flotten Rentner kommen. Was außerhalb geschieht, das interessiert in diesem Paradies, das mit Eden nicht das Geringste gemeinsam hat, niemand.

Dieses Buch lädt zum Nachdenken ein, zeigt überraschende Zusammenhänge und Parallelen zwischen dem Balkan und Österreich und bringt die Leserin bzw. den Leser dazu, vieles neu zu bewerten, ohne den pädagogischen Zeigefinger zu heben.

Helmuth A. Niederle

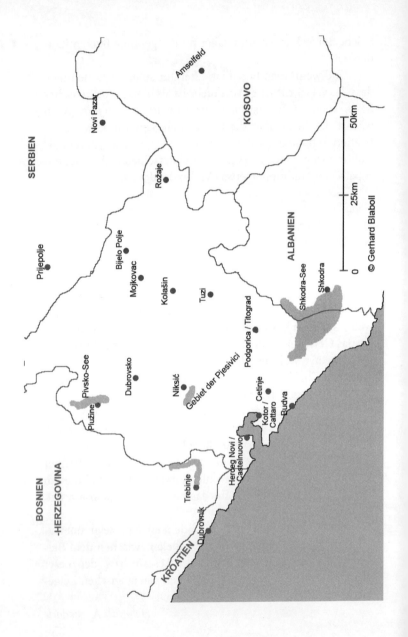

Ich

2. September 2010

Wir haben unsere Unschuld verloren.
Unsere Unschuld? Wir? Haben verloren?

Ich sitze am Trg Republike. Der erste Eindruck von Podgorica: Eine nette, kleine balkanische Provinzhauptstadt. Vielleicht mit Innsbruck, Sankt Pölten oder Eisenstadt vergleichbar: In fünfzehn Minuten gelangt man von einem Ende der Stadt zum anderen. Die Häuser sind niedrig, modern, selbst im Zentrum kaum mehr als zwei Stockwerke hoch. Die Straßen: eng, aber wegen der niedrigen Gebäude fällt das nicht weiter auf. Das Schlendern der Menschen zeigt: Hier gehen die Uhren langsamer. Es gibt keine Eile – die Sonne gibt den Rhythmus vor. Sogar die Fliegen, für die mein Laptop ein anziehendes Aroma ausströmen dürfte, scheinen langsamer herum zu schwirren als bei uns.

Unter den Arkaden am Trg Republike genießt „Tout Podgorica" den Übergang zwischen dem Ende der Arbeitszeit und dem nahenden Abend. Die Dinge geschehen, ohne dass Anstrengungen erkennbar wären. Zufriedene Gesichter, beinahe jeder scheint hier jeden zu kennen. Kaum jemand ist alleine unterwegs: Fast alle, die hier vorbeikommen sind in Begleitung. Arbeitskollegen? Freunde? Partner?

Montenegrinische Musik im Hintergrund, schwungvoll und fröhlich, unaufdringlich, aber durchaus präsent. Auch sie im Verlauf der Sonne, die anzeigt, dass sie bald den Boden berühren wird. Bei aller Ernsthaftigkeit, die ein so junges Land haben muss: Was für eine Leichtigkeit ist hier zu spüren! Was für eine Unbeschwertheit! Wenn man mich fragte: „Wie ist das

Leben in Podgorica? Beschreib es mit nur einem Wort!", ich würde erwidern: „Leichtigkeit".

„Leichtigkeit?", höre ich die erstaunte Frage. „Ist das eine Form von Oberflächlichkeit?" – „Nein", würde ich antworten. „Es ist hier eher eine Art der gelebten Gemütlichkeit im Gleichklang der Bevölkerung."

„Gemütlichkeit? So wie bei uns in Wien?" – „Vielleicht eher so wie es in Wien einmal war. Oder eigentlich: wie wir glauben, dass Wien einmal gewesen sein könnte."

Ich frage mich, wieso man ausgerechnet Wien mit Gemütlichkeit in Verbindung bringt. Wien mit seiner Hektik, seinem Großstadtgetue und seiner Betriebsamkeit. Gemütlich ist Wien nur noch in einigen Vorstadtlokalen und Kaffeehäusern. Nicht einmal das Dommayer ist mehr so richtig gemütlich, seitdem es einer Kette eingegliedert und von einem Café zu einer Konditorei stilisiert wurde. Von den amerikanischen Coffee-Shops ganz zu schweigen, in denen man übersüßten und viel zu teuren Kaffee in Papierbechern zu trinken bekommt.

„Aber Wien und die Gemütlichkeit, das sind ja beinahe Synonyme!" – „Nur im Klischee. Im Mythos." – „Möglich! Doch selbst wenn! Dieser Mythos lebt! Er wird gepflegt und beschworen!"

Ja, noch lebt dieser Mythos. Und wie lange noch? Solange noch eine Tarockpartie im Café Ministerium zusammen kommt? Solange man zum Kaffee automatisch ein Glas Wasser bekommt, das zum längeren Verweilen einlädt? Solange wir uns an den Mythos selbst klammern und damit die gute alte Zeit beschwören?

Warum tun wir das? Warum hängen wir so sehr an der Vergangenheit und lehnen es doch gleichzeitig ab, sie näher kennenzulernen? Flüchten wir wie mit Scheuklappen, indem wir die Augen vor unserer Vergangenheit verschließen, aus unserer Realität, aus unserer Gegenwart? Was ist mit uns passiert, dass wir einen Mythos bemühen, um Gegenwart und

Zukunft zu meistern? Ist es schon so weit, dass wir ihn bemühen müssen?

Müssen?

Ich glaube, wir haben unsere Unschuld verloren!

Eine Unschuld, wie sie für mich hier in Podgorica spürbar ist. Eine Unschuld, die ihren Ausdruck in der Unbefangenheit der Menschen zu zeigen scheint, die mich offen und interessiert ansehen, wissend, dass ich hier nur zu Gast bin.

Unschuld. Was für ein archaisches Wort! Was für ein absolutes, allgewaltiges Wort! Ein Eigenschaftswort, das zum Hauptwort mutiert ist!

Unschuldig, also nicht schuldig. Ist jemand, der nicht unschuldig ist, daher schuldig? Oder gibt es einen Bereich zwischen schuldig und unschuldig? Ist schuldig gleich schuldig? Oder sollten wir doch auch zwischen fahrlässig und vorsätzlich unterscheiden, zwischen wissentlich, willentlich und absichtlich?

Die Menschen hier, die so unbefangen durch die Stadt schlendern und dabei so unschuldig wirken: Sind sie es denn wirklich? Was ist Unschuld? Was ist Schuld? Sind die Unschuldigen nicht doch auch mitschuldig an der Schuld der anderen? Haben die Menschen hier ihre Unschuld verloren? Ich glaube: ja! Aber wann? Als sie unter den Venezianern so viele Bäume für Schiffsbauten fällten, dass sie jetzt noch daran durch die kahlen Berge ringsum erinnert werden? Als sie immer wieder ihre Söhne in Kriege schickten, die keiner wollte? Als sie an ihrer wunderschönen Küste Touristenzentren aus dem Boden stampften, weil sie dachten, sie könnten mit einem Hochpreistourismus die europäischen Oberschichten an die Adria locken?

Unschuld – ist das der Zustand, bevor wir etwas getan haben oder ist das der Zustand, bevor uns dieses Getane bewusst wurde? Der Übergang von Unschuld zu Schuld, zusammengefasst in der menschlichen Erbsünde des Alten Testaments, wo es von Adam und Eva heißt: „Dann sahen sie, dass sie nackt waren".

Ich höre: „Wer seine Unschuld verliert, ist selber schuld! Hätte er es eben nicht getan!" – „Ist jemand, der unter einem Zwang handelt, wirklich Herr seines Tuns? Und kann jemandem, der so handelt, dieses Tun vorgeworfen werden?"

„Jeder hat die freie Wahl, sich zu entscheiden. Und wer sich dafür entscheidet, die Unschuld zu opfern, verdient kein Mitleid." – „Wäre Mitleid ausreichend? Bräuchte es nicht vielmehr Verständnis, Hilfe und Unterstützung?"

„Erstens: Bin ich die Heilsarmee oder der psychologische Dienst? Zweitens: Wer beim Verlust der Unschuld Werte zerstört oder andere verletzt, darf keine Rücksicht erwarten. Und drittens: Jedes Verständnis hat auch seine Grenzen."

Wie war das bei uns, als wir noch unschuldig waren? Wie beschreiben wir den Zustand, den wir unsere Unschuld nennen? Welche sind Merkmale einer Schuld? Dass wir nicht weiterhin so leben, wie früher gelebt wurde? Dass wir Persönliches über das Gemeinwohl heben?

Unschuld auf montenegrinisch: „nije kriva". Ich bin unschuldig": „ja nijesam kriv". Wie bei uns so auch hier und in allen Sprachen, die ich kenne: Innocence, guiltlessness, innocenza, inocencia, onschuld, ártatlanság, nevinost, nevina – der Zustand der Unschuldigkeit wird durch eine Negation der Schuld beschrieben. Wieso gibt es kein eigenes, kein positives Wort dafür? Haben wir etwa solche Angst vor der Schuld, dass wir für das Gegenteil kein eigenes Wort haben und eine Vorsilbe bemühen müssen?

Wo beginnt Schuld? Beginnt sie so früh, dass ihr Gegenteil so rar ist, dass wir keinen selbständigen Ausdruck dafür benötigen? Ist Unschuld weiß, und alles andere, von hellgrau, über mausgrau, bleigrau, mittelgrau, feldgrau, dunkelgrau, anthrazit bis hin zu schwarz, ist das schon Schuld?

Gibt es eine Unschuld überhaupt? Hier, in Montenegro etwa: Diese geraden Blicke, diese in sich ruhenden Gesichter – kennen sie keine Korruption, keine Gewalt, keinen Betrug? Schwer zu glauben, wenn man die jüngere Geschichte am Balkan nur ein wenig mitverfolgt hat. Und schwer zu glauben, wenn man den Fragewitz hört: „Wie kommt man am besten durch Montenegro?" – „?" – „Mit einem Bodyguard!" – Doch woher kommt der Eindruck, dass den Menschen hier solche Dinge, die man wohl mit Schuld assoziieren könnte, ferner zu sein scheinen als uns in Wien?

Kommt es daher, dass sie Vertrauen in die eigene Unschuld haben? Vom gegenseitigen Vertrauen in die kollektive Unschuld? Vom gemeinsamen Wissen um die eigene Geschichte? Vom gemeinschaftlichen Willen, die unangenehmen Begleiter des Lebens so lange zu ignorieren und wider besseres Wissen zu leugnen, bis sie tatsächlich aus dem Leben verschwunden sind?

Mit anderen Worten: Ist Unschuld möglicherweise lediglich ein Produkt der eigenen Hoffnung, der eigenen Wünsche?

Unschuld.

Wir.

Wer ist „wir"?

Horizontal betrachtet: Du und ich? Die Menschen hier in Podgorica und ich? Meine Mitmenschen und ich? Meine Umgebung? Meine Stadt? Mein Land? Die Menschheit?

Vertikal betrachtet: Meine Kinder und ich? Meine Enkel und ich? Meine Eltern? Meine Vorfahren? Meine Urahnen? Der erste Homo Sapiens? Der erste Homo Erectus?

Hier, am Trg Republike, scheinen alle Menschen zusammen zu gehören. Auch die, die einander nicht kennen. Sie alle bewegen sich in einem einheitlichen Tempo, sie alle gehen von links nach rechts oder von rechts nach links ohne ein bestimmtes Vorhaben, das sie drängt. Und so vermitteln sie das Gefühl, ein einziges „wir" zu sein, koordiniert wie Ameisen in einem millionenschweren Ameisenbau, bloß deutlich weniger geschäftig.

Jeder hier vermittelt den Eindruck, die anderen zu verstehen und mit ihnen eins zu sein.

„Ist das „wir" am Trg Republike die Beschreibung eines

Kollektivdenkens?", höre ich. – „Ja und nein. Ja, weil es gegenseitiges Verständnis geben dürfte für das jeweilige Tun. Nein, weil doch die Individuen selbst ihre Entscheidungen treffen."

„Also ist doch jeder für sich selbst verantwortlich und damit von den anderen völlig unabhängig!" – „Das kann man so allgemein auch wieder nicht sagen!"

Kann es denn überhaupt eine Verantwortlichkeit geben bei gleichzeitiger völliger Unabhängigkeit? Gibt es wirklich eine Autarkie der Entscheidungsfreiheit und ihrer Grundlagen, eine Abgeschlossenheit gegenüber der Umwelt? Oder beeinflusst nicht die Umwelt durch ihre Erwartungen, ihr Verhalten, ihre Moralvorstellungen und Werte unser eigenes Verhalten?

Die Fliege, die meinen Laptop hier in Podgorica umkreist, beeinflusst sie nicht meine Stimmung, mein Gefühl und mein Vermögen, mich auszudrücken?

Alles, was ich selbst erlebe, geht in mein Erlebnisgut ein, das mein weiteres Verhalten bestimmen wird. So wie der berühmte Schmetterlingsflügelschlag, der einen Orkan auslöst, denn er hat gerade noch jenen winzigen Lufthauch verursacht, der den Wind in seiner Summe zum Sturm machte, der in der Folge zum Orkan wurde.

Mein Erlebnisgut wird aber mit dem Erleben gleichzeitig auch zum Erlebnisgut der Menschen um mich. Ganz gleich, ob ich es bewusst weiter gebe oder nicht: Mein Verhalten beeinflusst das Verhalten meiner Umgebung, so wie das Verhalten meiner Umgebung in der Vergangenheit mein Verhalten beeinflusst hat.

Wir, das beginnt also in mir selbst, und es ist unendlich weit. So weit, dass es in seinen Folgen kaum einzugrenzen ist. Denn wir, das bin ich selbst und – ja, wer noch?

Vielleicht ist „wir" ja auch der Mann, der sich soeben zu mir an den Tisch setzt, und ich.

Wir.

Haben verloren.

Verlieren hat zwei Gegenteile: Gewinnen ist eines davon. Finden ist das andere. Eigentlich ist das schön: Man kann in dieser Wortkonstellation nur einmal etwas Negatives, aber zweimal etwas Positives erhalten: Man kann – als Gegenteil zu einmal verlieren – etwa eine Auseinandersetzung gewinnen und gleichzeitig Selbstvertrauen finden.

Aber das noch Schönere: Man kann auch eine Auseinandersetzung verlieren und gleichzeitig an Selbstvertrauen gewinnen! Bloß: Hat man denn dann wirklich verloren?

Die Menschen hier in Montenegro etwa: Sie haben, als Jugoslawien begann auseinanderzubrechen, versucht, den Zerfall aufzuhalten. Sie haben ihre jungen Männer in Kriege geschickt, nach Kroatien, nach Bosnien, in den Kosovo. Und irgendwann haben sie sich aus ihrer selbst gewählten Union mit Serbien gelöst und einen eigenen Staat gegründet. Haben sie nun verloren oder gewonnen? Verloren, wenn man die Mütter der gefallenen Soldaten fragt. Wohl von beidem etwas, wenn man alles als Außenstehender abwägen möchte. Gewonnen, wenn man so manchen politischen Vertreter des Landes hört. Unentschieden, mit einem leichten Überhang zu Gewonnen, wenn man in den Augen der Menschen hier am Trg Republike liest, meine ich.

Vielleicht wird die Frage, ob sie nun gewonnen oder verloren haben, von denselben Menschen auch unterschiedlich beantwortet, je nachdem, wann sie gestellt wird. Dieselbe Frage, auch nur einen Tag zu früh an jemanden gerichtet, könnte eine andere Antwort zur Folge haben, als am Tag danach. Und ebenso, wenn sie auch nur einen Tag zu spät gestellt wird. Also ist die Antwort auf diese Frage wohl nicht nur von der Person des Beantwortenden abhängig, sondern auch in ihrer zeitlichen Einbettung. Wieder einmal ist erkennbar: Die Suche nach einer absoluten Wahrheit entspringt der Sehnsucht nach einer Sicherheit, die in Wirklichkeit eine Chimäre ist!

Ich höre schon wieder den Zuruf: „Verlieren kann man nur etwas, das man vorher besessen hat." – „Ich denke aber, man kann auch etwas verlieren, von dem man nur geglaubt hat, dass man es besitzt."

„Das ist doch Unsinn! Jemand muss doch wissen, was er besitzt!"

Mir fallen spontan die vielen plakativen Beispiele zur Täuschung menschlicher Sinne ein. Die Bilder eines runden Gebäudes mit Stufen rundherum, die immer nur aufwärts zu führen scheinen. Die beiden gleich großen Kreise, die durch unterschiedliche Farbfüllungen unterschiedlich groß wirken. Ebenso gibt es Beispiele zur Täuschung des Gehörs, des Geruchssinns, des haptischen Sinns, des Geschmackssinns. Und Legende ist die Zahl derer, die sich über rechtliche Verhältnisse, wie sie etwa in einem Besitz ausgedrückt werden können, getäuscht haben.

Gibt es auch Beispiele von Täuschungen des Gefühls?

„Was für eine naive Frage", höre ich sagen. „Man müsste eher fragen: Gibt es tatsächlich jemanden, der sich immer zu Recht auf sein Gefühl verlassen konnte?"

Wohl kaum, wenn einem beispielsweise einfällt, dass „schöne", gut gekleidete Menschen in einem Bewerbungsgespräch automatisch intelligenter wirken als andere. Oder wenn man daran denkt, dass sympathische Menschen auch ehrlicher wirken als weniger einnehmende Zeitgenossen. Auch Gefühle können irren. Und wie oft tun sie das auch und narren uns! Wiegen uns in Sicherheiten, wo es keine gibt und lösen Ängste aus, wo kein Grund dafür vorhanden ist! Wer weiß also schon, ob er etwas verloren hat?

Überhaupt: „Verloren haben". Bedeutet „etwas verloren haben" etwas Absolutes, etwas Unwiederbringliches? Oder ist das Verlorene ersetzbar? Oder zumindest ausgleichbar? Muss Verlorenes durch etwas Gleiches substituiert werden oder reicht es auch aus, es durch etwas auszugleichen, das einen ähnlichen Wert hat?

Wenn man schon etwas verloren hat: Warum beharren wir so oft auf einer Wiederherstellung des alten Zustandes, selbst wenn wir wissen, dass das nicht möglich ist? Wühlen wir, wenn wir eine solche Zeitumkehr fordern, selbstmitleidig in unseren Wunden? Oder sind wir nur (noch) nicht bereit zu erkennen, dass sich auch hier die Welt weiter gedreht hat?

Was ist es, das uns oft dazu bringt, eine Kompensation auszuschlagen? Eine Kompensation, die immer noch besser ist als ein Nichts angesichts eines Verlustes, der ohne jeden Ausgleich bleibt. Auch wenn das verloren Geglaubte nicht mehr hergestellt werden kann: Irgendwie muss es ja nachher weiter gehen. Warum nicht mit einer Erneuerung, die eine Kompensation mit sich bringen kann? Aus verletztem Stolz? Aus Sturheit? Aus Eitelkeit? Aus Mangel an Alternativdenken? Aus Furcht vor der unbekannten Zukunft?

Verloren haben. Was hat die Fliege ständig bei meinem Laptop verloren? Hat sie etwas verloren?

Egal.

Sie ist einfach da!

Und wir?

Ich spüre: Wir haben unsere Unschuld verloren.

Haben wir deshalb verloren? Oder ist das nicht abhängig davon, was wir stattdessen gewinnen und finden können?

Ich habe wohl, ob ich das will oder nicht, einen neuen Freund gefunden, denn der Mann, der sich zu mir an den Tisch gesetzt hat, beginnt zu erzählen. Ich verstehe nicht viel von dem was er sagt. Ich verstehe bloß, er heißt Duško. Ausdauernd redet er in einer fremden Sprache auf mich ein. Meine Augen werden schwer, ich habe das Gefühl, in eine andere Welt zu gleiten.

Die Fliege nehme ich gerade noch wahr. Sie kriecht langsam über den Bildschirm. Ich lasse sie gewähren. Ich glaube, langsam gewinne ich Teile meiner früheren Unschuld wieder.

JULIJA

29. JUNI 1389

„Heilige Jungfrau, Gottesmutter, beschütze uns vor dem, was uns erwartet!"

Bewacht von mehreren Osmanen stolperte Julija mit Elena und einigen anderen Frauen in Richtung Süden: entmutigt, ängstlich, weinend, betend, kraftlos, mit eingeschlagenen Zähnen und aus einer tiefen, verkrustenden Schnittwunde über das ganze Gesicht blutend.

Links und rechts von ihnen taumelten andere Unglückliche ihrem Schicksal entgegen. Die Hände waren mit Stricken aneinander gebunden, ihre Kleidung war zerfetzt und blutverschmiert. Den meisten von ihnen war anzusehen, dass sich die Osmanen nach der Schlacht von ihnen genommen hatten, was sie längere Zeit entbehren hatten müssen.

Nicht, dass Julija und die anderen störrisch waren oder nicht gewohnt, Männern zu Diensten zu sein. Als Marketenderinnen hatten sie den Soldaten andauernd die verschiedensten Waren angeboten und waren dabei immer wieder derb angefasst worden. Und oft genug war eine dieser Waren sogar ihr eigener Körper gewesen. Aber einem Rudel brutaler, blutverschmierter und teilweise selbst blutender Soldaten nach einer Schlacht zu Willen sein, war etwas anderes: Das war schmerzhaft, demütigend und lebensgefährlich.

Julija versuchte, sich und Elena Mut zu machen:

„Halt durch! Wir haben überlebt, und wir haben noch unsere Aufgaben auf dieser Erde zu erfüllen!"

Überlebt!

Ja, sie hatten überlebt, gerade noch!

Das konnten nicht viele sagen, weder von den Soldaten, noch von den Marketenderinnen.

Eine solche Schlacht wie am gestrigen St. Veitstag hatte sie noch nie gesehen. Dabei hatte sie, weiß Gott, schon viel mitbekommen, seit sie vor Jahren Kolašin verlassen hatte und mit dem Heer von Vuk Branković von Kampf zu Kampf gezogen war.

Vuk Branković!

Der charismatische Vuk Branković!

Vuk Branković, der Schwiegersohn des serbischen Fürsten Lazar Hrebeljanović von Morava-Serbien!

Vuk Branković, der Herr über Oblast Brankovića, das Land Brankovićs, wie man es nannte, dieses riesige Land zwischen Skopje, Priština und Sjenica!

Vuk Branković, gleich hinter Fürst Lazar der mächtigste Mann in und um Serbien – er war nur deshalb so mächtig geworden und heil durch all die Gefahren gekommen, weil sie, Julija, ihn heimlich beschützt hatte! Selbst wenn er das gar nicht wusste!

Ja, ja, natürlich klang das unglaublich und etwas verrückt. Deshalb konnte Julija es auch niemandem erzählen. Denn niemand, der nicht selbst mit dieser Gnade beschenkt worden war, konnte eine Ahnung davon haben, was es bedeutete, unter dem umhüllenden, wärmenden Schutzmantel der Gottesmutter zu sein. Julija wusste mit Bestimmtheit, dass sie von ihm behütet wurde. Und das galt auch für alle, die sie geistig unter diesen Mantel mitnahm, solange sie nur in deren Nähe war!

Denn die Gottesgebärerin selbst hatte ihr damals, vor Jahren, diese Macht geschenkt und ihr den Weg gewiesen. Damals, als Vuk Branković durch sein Reich gezogen und dabei auch durch Kolašin gekommen war.

Damals hatte sie ihn gesehen, wie er sich an die Mariensäule am Anger gelehnt hatte. Es war ein düsterer Tag gewesen, die Wolken dunkel und beinahe übergangslos mit den schwarzen Bergen vereinigt. Julija war am Rande des Angers gestanden und plötzlich hatte sie, aus dem Himmel kommend, ein strahlend helles Dreieck gesehen: Die eine Ecke hatte Vuk Branković beleuchtet, die andere sie selbst und oben, an der dritten Ecke, war die Gottesmutter zu sehen. Seit damals wusste sie: Es war ihr bestimmt, mit Vuk Branković zu ziehen und ihn durch ihre Nähe zu beschützen! Das musste sie tun, auch wenn Vuk von ihrem Schutz keine Ahnung hatte und sie bei zufälligen Begegnungen nicht einmal zur Kenntnis nahm. Julija kannte ihre Lebensaufgabe, die ihr in diesem Moment übertragen worden war!

Die Erleuchtung hatte Julija schließlich bis hierher ans Amselfeld gebracht und als Folge davon stolperte sie nun mit den anderen der Sklaverei entgegen.

Von all den Serben, Bosniern, Walachen, Bulgaren, Albanern, Montenegrinern, Ungarn, Deutschen und Tschechen, die gestern hier an ihrer Seite am Amselfeld gekämpft hatten, waren nur mehr wenige am Leben, ebenso wie von den Osmanen und Griechen auf der anderen Seite. Selbst als die Schlacht schon beendet war, weil der Heerführer der Christen, Fürst Lazar, gefangen genommen war, hatte das Töten noch kein Ende gefunden.

Denn als die Waffen längst ruhten und die Überlebenden des Kämpfens müde waren, hatte sich einer aus Fürst Lazars Armee, Miloš Obelić, dem osmanischen Sultan Murad durch eine List genähert. Als er endlich nahe genug bei ihm gewesen war, hatte er ihn so schnell erdolcht, dass die Leibwache Murads nicht mehr reagieren konnte. Das war natürlich das Letzte gewesen, was Miloš noch getan hatte, denn gleich darauf war er von den Säbeln der Leibwächter zerhackt worden. Aber der Tod des Sultans hatte noch viele weitere Tötungen zur Folge gehabt:

Zuerst hatten die osmanischen Leibwachen den jüngeren Sohn Murads, Jakub Celebi, in dessen Zelt begleitet und ihn dort erwürgt. Dann hatten sie den älteren Sohn, Bäjazit, zum neuen Sultan gemacht. Bäjazit hatte daraufhin eigenhändig Fürst Lazar und dessen Sohn mit dem Schwert erschlagen und die anderen gefangenen Adeligen, Vojvoden und Ritter von seinen Männern töten lassen. Und danach waren die Osmanen über die gefangen genommenen Frauen hergefallen.

So gesehen hatten Julija, Elena und die anderen noch Glück gehabt, mit dem Leben davon gekommen zu sein. Glück, oder sollte man ehrlicher sagen: den Schutz der Heiligen Mutter Maria! Denn sie alle vertrauten ja auf den Beistand der Gottesmutter. Hoffentlich durfte das auch für die Zukunft gelten.

Wobei: Zukunft?

Sie hatte immer wieder über die osmanischen Harems reden gehört, wo unzählige junge, schöne Frauen nur darauf warteten, ihren Herren zu dienen.

Aber Julija zählte nicht mehr zu den Allerjüngsten unter den Marketenderinnen und der Schnitt mit dem Dolch, den sie gestern zum Dank für ihren Körper von einem Osmanen quer über das Gesicht bekommen hatte, ließ sie jetzt auch nicht mehr zu den Schönsten zählen. Wenn einmal die Wunde vernarbt war, würde sie vermutlich wie eine alte Hexe aussehen. Irgendwo als Sklavin arbeiten, das würde sie wohl können. Aber relativ angenehm in einem Harem? Wohl kaum! Und den Auftrag aus ihrer Erleuchtung erfüllen? Schon gar nicht! Denn so ungewiss Julijas Zukunft war – am meisten beschäftigte es sie doch, wie sie Vuk Branković in Zukunft beschützen sollte, jetzt, wo sie ihm nicht mehr nahe sein konnte.

Sie hatte kein gutes Gefühl, wenn sie an ihre Zukunft dachte.

Wobei, sie hatte schon die ganze Zeit kein gutes Gefühl gehabt. Denn irgendwie war über dem ganzen Feldzug ein böses Omen geschwebt.

Das hatte schon damit begonnen, dass einige der Nachbarvölker nicht mit Fürst Lazar und Vuk Branković gemeinsam in den Kampf ziehen wollten. Teils, weil sie bis vor kurzem noch gegen sie gekämpft hatten, teils, weil sie des Kämpfens müde waren und teils, weil sie darauf gehofft hatten, dass diese beiden, vom Kampf mit den Osmanen geschwächt, eine leichte Beute darstellen würden. So war das Heer der Christen zwar gewaltig, aber doch nicht so zahlreich wie Fürst Lazar und Vuk Branković das gehofft hatten.

Ein paar Tage später hatte es Gerüchte gegeben, dass Evremos Beg, der griechische Spionageoberst des Sultans, im Lager von Vuk Branković gesehen worden sei. Der oberste Spion der Feinde im eigenen Lager? Wie konnte das sein? Wie konnte so jemand mitten im Lager plötzlich auftauchen und wieder verschwinden? Wenn das wahr war, dann musste es Hexerei sein! Dann stand also der Teufel auf der Seite der Osmanen, denn Hexerei war Teufelswerk. Ob es stimmte oder nicht – jedenfalls war es ein böses Omen.

Dann hatte Julija in den letzten drei Nächten vor der Schlacht immer wieder den Waldkauz rufen hören, den Todesvogel. Das wäre nicht verwunderlich gewesen, wenn sie drei Nächte am selben Platz gelagert hätten. Aber nein: die Armeeeinheit von Bogenschützen und Reitern, mit denen Julija gezogen war, hatte jeden Tag lange Märsche in Richtung zum Schlachtfeld zurückgelegt! Und jedes Mal hatten sie in der Nacht den Waldkauz vernommen, der sie verfolgt haben musste!

Zuletzt war ihre Einheit zu spät zur Schlacht gekommen. Sie hatten sich nämlich am Vortag der Schlacht in den Bergen auf einer Wiese ausgeruht und gelabt. Das schwarze Gras, das sie dort gegessen hatten, musste giftig gewesen sein, denn sie waren zuerst eingeschlafen und hatten sich nach dem Aufwachen elend gefühlt. Als sie dann das Kommando von Vuk Branković erreicht hatten, war die Schlacht längst in Gange gewesen und sie hatten nicht mehr viel beitragen können.

Was davor passiert war, hatte ihr Elena heute früh erzählt, denn Elena war nicht im Trupp mit Julija mitgezogen, sondern schon zuvor beim Haupttheer gewesen.

Elena, die jetzt neben ihr in die Sklaverei humpelte, weil sie eine böse, stark blutende Wunde am rechten Bein hatte. Auch sie wusste von einem bösen Omen zu berichten:

Am Vorabend der Schlacht hatte ein grauer Falke dem Fürsten Lazar einen Brief überbracht. Dieser Brief war von niemand Geringerem als von der Heiligen Jungfrau Maria selbst gewesen! In dem Brief hatte die Gottesmutter dem Fürsten zwei Reiche angeboten: Das irdische Reich und das himmlische Reich. Entscheide er sich für das irdische Reich, dann würde er am nächsten Tag über die Osmanen siegen. Fiele seine Wahl aber auf das himmlische Reich, dann würde er sofort in den Kreis der Heiligen aufgenommen. Allerdings wäre dann sein irdisches Schicksal durch Niederlage und Tod besiegelt. Ohne Überlegen hatte sich Lazar als ein von Gott Erleuchteter erwiesen, denn er hatte sich für das himmlische Reich und den Märtyrertod entschieden!

Danach hatte er, wie seinerzeit Jesus Christus den Apostel Petrus, einen seiner Vertrauten, Miloš Obelić, beschuldigt, dass er am nächsten Tag seinen Tod herbeiführen würde. Der war außer sich und verzweifelt gewesen, denn er war der treueste Gefolgsmann, den man sich denken konnte, aber Fürst Lazar war bei seiner Meinung geblieben.

„Woher weißt du das alles denn?", hatte Julija gefragt.

„Ich weiß es direkt von einem der Ritter, die im Zelt waren, als Fürst Lazar den Brief gelesen hat", hatte Elena geantwortet. „Dem habe ich vorgestern noch die Freuden der Nacht geschenkt und dabei hat er es mir erzählt."

„Und woher wusste der Ritter, dass das stimmt?", war Julija wissbegierig gewesen.

„Na hör mal, das war ein Brief der Gottesmutter. Was darin steht, kann gar nicht nicht stimmen! Und es ist ja auch so gekommen!"

Ja, stimmt!

Die Gottesmutter!

Die heilige Jungfrau, die ihr so oft schon zur Seite gestanden hatte, besonders seit der Erleuchtung am Anger von Kolašin.

Anderen hatte sie nicht beigestanden, als die Heiden so viele von den Christen getötet hatten. Ihr, Julija, dagegen schon. Denn es war immer noch besser, mit eingeschlagenen Zähnen und einem zerschnittenen Gesicht in die Sklaverei zu stolpern, als ohne Absolution den sofortigen Weg ins Fegefeuer anzutreten. Beichte und Buße konnten Julija und die anderen so noch nachholen, und außerdem:

Solange sie lebte, bestand noch die Möglichkeit, Vuk Branković wieder zu begegnen und ihn mit unter den Schutzmantel der Gottesmutter zu nehmen. So wie in der einen Nacht kurz vor der Schlacht gegen die Ungarn, als er sie das einzige Mal in all den Jahren bewusst gesehen und rufen hatte lassen, um ihm in der Nacht in seinem Zelt zu Diensten zu sein.

Doch wie sollte sie das jetzt tun, wo er unversehrt ins Oblast Brankovića zurückgekehrt war und sie als Gefangene ins Osmanische Reich zog? Julija hätte ihn gern auch in Zukunft beschützt, so wie sie das jetzt eben mit Elena und den anderen tat!

Elena.

Elena war die letzte ihrer Familie.

Sie stammte aus Rožaje und hatte wie alle ihrer Schwestern früh begonnen, als Marketenderin zu arbeiten. Julija hatte sie bei ihrer ersten Feldzüge getroffen und sich mit ihr angefreundet. Elena war meist mit Julija mitgezogen und so hatte Julija beschlossen, sie – ohne dass Elena das wusste – ebenfalls unter den Schutz der Gottesmutter zu nehmen.

Während ihre Schwestern recht bald bei den Schlachten umgekommen oder durch böse Krankheiten gestorben waren, hatte Elena alles unverletzt und gesund überlebt. So, als ob sie unverwundbar wäre, hatte sie so oft so viel Glück in gefährlichen Situationen gehabt, dass sie sich schon manchmal davor fürchtete, irgendwann die Rechnung für dieses unverdient hohe Glück zahlen zu müssen.

Gestern war dann Zahltag gewesen. Gestern, nach der Tötung des Fürsten Lazar und der anderen Adeligen, als ihr zuerst von sechs oder sieben Osmanen Gewalt angetan worden war.

Glück gehabt – mit dem Leben davon gekommen!

Das war es, was Elena dachte.

Julija aber wusste: In diesem Moment hatte ihr wieder einmal die Gottesmutter beigestanden!

Und es musste auch die Gottesmutter gewesen sein, die sie weiterhin beschützt hatte.

Elena hatte geschildert, wie die beiden Heere gegenüber Aufstellung genommen hatten. Auf ein Signal hin war es losgegangen.

Als die christlichen Ritter in ihren Kettenhemden und auf ihren gepanzerten Pferden schwerfällig auf den Gegner zu ritten, hatten die Osmanen Stein- und Eisenkugeln aus Kanonen auf sie gefeuert. Die waren schlimm aber nur, wenn sie direkt und voll trafen.

Dennoch hatten die Ritter es trotz der schweren Panzerung ein wenig mit der Angst bekommen. Gleich danach hatten die Bogenschützen einen Pfeilregen über das Christenheer geschickt. Auch der hatte nicht viel anrichten können, aber er hatte zumindest bewirkt, dass die Pferde dadurch irritiert waren.

Erschöpft von den vorangegangenen Mühen und dem Gewicht der Rüstung waren die Ritter auf die osmanischen Bogenschützen zu galoppiert, die sofort versuchten zu flüchten. Kaum waren die Ritter dadurch etwas weiter von ihren eigenen Fußsoldaten entfernt, waren auch schon von der Seite kommend die osmanischen Reiter hinter den Rittern aufgetaucht. Die Janitscharen hatten unter der Führung von Bäjazit, dem älteren Sohn des Sultans Murad, angegriffen. Bäjazit hieß „Blitz", und genauso schnell waren sie gekommen und hatten die christlichen Fußsoldaten niederzumetzeln begonnen.

Und damit hatte ein Schlachten eingesetzt, wie es Julija und Elena noch nie erlebt hatten, weder als es auch früher schon gegen die Osmanen gegangen war, noch bei den Kriegszügen gegen die Ungarn. Der Kampf war über viele Stunden gegangen, hatte auf beiden Seiten unzählige Seelen gefordert und niemand hätte sagen können, wer im Vorteil war.

Gerade, als man meinen hätte können, dass die Christen die Oberhand gewinnen könnten, hatte sich Vuk Branković aus einer strategisch hervorragenden Lage plötzlich zurückgezogen. Dadurch war Fürst Lazar unversehens isoliert gewesen und war gefangen genommen worden.

Warum hatte Vuk Branković das getan?

Warum ausgerechnet Vuk Branković, der Schwiegersohn des Fürsten Lazar?

Stimmte es also möglicherweise tatsächlich, was schon lange da und dort gemunkelt worden war? Nämlich, dass Vuk Branković es nicht erwarten konnte, seinen Schwiegervater und Fürsten Lazar zu beerben und als Fürst in Kruševac einzuziehen? Und dass er deshalb sogar heimlich mit Evremos Beg, dem Spionageobersten der Osmanen, Kontakt aufgenommen hatte?

Julija weigerte sich, das zu glauben. Das hieße ja, dass Vuk Branković ein Verräter wäre!

Nein, nie und nimmer! Nicht Vuk Branković!

Zu einer solchen Infamie würde sich ein serbischer Fürst nie und nimmer hinreißen lassen! Und Vuk Branković schon gar nicht!

Julija dachte wieder an die Schlacht. Sie erinnerte sich, wie sie gesehen hatte, dass zwei von drei Soldaten und Rittern auf dem Feld geblieben waren. Viele, viele tausend Seelen!

Das war tragisch, unendlich tragisch!

Andererseits: Wenn die Geschichte, die Elena ihr erzählt hatte, die Geschichte mit dem Brief von der Gottesmutter, stimmte – und warum sollte sie denn nicht stimmen? – dann, ja, dann war eigentlich Fürst Lazar ein Heiliger, denn er hatte sich ja für das himmlische Reich entschieden. Er hatte den Märtyrertod gewählt! Doch wieder andererseits: Was war mit den vielen tausend Soldaten, die jetzt tot am Feld lagen? Waren die jetzt auch alle Heilige?

Julija tastete die verkrustende Wunde in ihrem Gesicht entlang. Es schmerzte schlimm. So wie Elena peinigte sie jeder Schritt so sehr, dass ihnen beiden Tränen über das Gesicht rannen.

Die Tränen verstärkten den Schmerz in Julijas Wunde. Aber lieber lebte sie entwürdigt und mit Schmerzen, als jetzt schon eine Heilige zu sein. Vielleicht war das ja selbstbezogen gedacht, aber die Gottesmutter würde das sicher verstehen.

Leonardo

16. August 1539

„Pietro, was hab ich bloß getan, dass ich so büßen muss?" Leonardo stand mit seinem Diener auf der Terrasse seines Hauses in Cattaro und hatte keinen Blick für die herrliche Bucht mit dem dunkelblauen Wasser. Er warf den Vornehmen Cattaros, die soeben aus dem Raum gingen, böse Blicke nach.

Es war zum Verzweifeln: Die Republik Venedig hatte ihn als Statthalter hierher geschickt, um die Handelswege für ihre Flotten gegen die Osmanen, Seeräuber und andere Gefahren zu sichern. Außerdem sollte er die Städte, die sich der Markusrepublik unterworfen hatten, nach Möglichkeit beschützen. Er tat das, so gut es in seiner Macht stand. Er jonglierte zwischen den verfeindeten Parteien hin und her, er nutzte sein diplomatisches Geschick ebenso wie die kriegerischen Mittel, die ihm zur Verfügung standen und brachte sich sogar selbst in Gefahren, wenn es die Situation erforderte. Doch wie zum Hohn ließen ihn die Reichen und Vornehmen Cattaros jetzt derart treulos im Regen stehen!

Lediglich Pietro schien ihm wirklich ergeben und loyal zu sein. Mit dem seine bäuerliche Herkunft niemals verleugnenden Diener verband ihn trotz des Standesunterschiedes beinahe so etwas wie eine Freundschaft. – Pietro nickte verstehend.

„Jaja, eher lässt eine tote Sau einen Furz, als ein Geizkragen einen Dukaten."

„Ach, du und deine Sprüche! Was sind das hier für Menschen? Da verhindern wir, dass ihre Städte von den Osmanen eingenommen werden und dann anerkennen sie das nicht einmal. Wo bleibt die Dankbarkeit, ja wo bleibt die Loyalität?"

„Stimmt, Leonardo, aber wenn du Dankbarkeit und Loyalität willst, solltest du dir einen Hund nehmen!"

„Na hör mal, unsere ganze Republik ist auf Loyalität aufgebaut! Ohne die geht es einfach nicht! Andernfalls würde Venedig mit allen zugehörigen Provinzen, und ganz besonders unser Venezianisch Albanien hier, in wenigen Jahren zwischen den Nachbarn aufgerieben werden. Ungarn, Osmanen, Genuesen, Spanier – sie alle warten doch darauf, dass wir Schwäche zeigen."

„Jaja, mit bösen Nachbarn, einem schlimmen Weib und einem undichten Dach – mit allen dreien lebt es sich schlecht."

„Wahr gesprochen. Umso wichtiger wäre es doch, wenn die Menschen hier uns gegenüber treu und ergeben wären. Wenn es an Loyalität fehlt, dann können auch große Reiche untergehen. Das Römische Reich etwa, es ist vor über tausend Jahren aus den gleichen Gründen untergegangen wie das weströmische Reich in Konstantinopel vor wenigen Jahren: Zu viele Menschen haben bloß an ihren eigenen Vorteil gedacht und nicht daran, wem sie ihr Leben und ihre Lebensgrundlagen überhaupt verdankten!"

„Glaubst du wirklich, dass die Slawen hier ohne uns nicht überleben würden?"

„Natürlich! Weder die Republik Ragusa, noch die vielen kleinen Fürstentümer in Albanien und Montenegro hätten ohne unseren Schutz auch nur den Funken einer Chance. Schau sie dir doch an, diese ‚Fürstentümer': Das sind doch in Wahrheit lediglich Sippen oder kleine Stämme, die das Schicksal hierher gespült hat und die seither in ihren Clans zusammenleben. Sie sind so unbedeutend, dass sie sich nie und nimmer gegen die Osmanen behaupten könnten, selbst wenn sie sich gegen sie verbündeten. Aber da kannst du sehen, wie kopflos diese Slawen handeln: Sie sehen nicht den gemeinsamen Feind, sondern bekämpfen einander und leben mit dem

Prinzip der Blutrache und der Gewalt in ihren winzigen Ländern! Ohne den Schutz der Markusrepublik, wie die Italiener sagen, gäbe es all diese Städte schon längst nicht mehr in dieser Form! Schau doch: Wir lassen den Bewohnern der Städte ihre Rechte, gewähren den Vornehmen ihre Ränge und selbst ich, als Statthalter, als Provveditore, bin in Wirklichkeit nicht ihr Oberhaupt, sondern lediglich ein Verwalter. Die Osmanen dagegen gingen mit ihnen ganz anders um. So hatte sich jedes unterworfene Land nach ihren Vorgaben zu richten. Können wir da nicht die Loyalität der Bewohner von Venezianisch Albanien erwarten?"

„Ja doch, ich kann deinen Wunsch schon verstehen. Aber was bei unsereins gilt, wird wohl auch für die Menschen hier zutreffen: Man wird zu früh alt und zu spät gescheit!"

„Das stimmt leider. Aber sie hätten doch jetzt schon lang genug Zeit gehabt um zu lernen. Vor über hundert Jahren haben sich Cattaro, oder Kotor, wie es die Slawen selbst nennen, und die anderen Ortschaften entlang der Küste unter den Schutz Venedigs gestellt, um zu verhindern, dass sie von den Osmanen eingenommen werden. Das war doch wirklich schlau! Lediglich Castelnuovo hat das nicht getan und ist prompt von den Osmanen unterjocht worden. Dort ist das Leben schließlich so unerträglich geworden, dass sich die Bewohner dort vor einem Jahr um Hilfe an uns gewendet haben, um die Osmanen loszuwerden. Was für ein Gefäß der Pandora, das sie damit geöffnet haben!"

„Von welchem Gefäß redest du, Leonardo?"

„Ach, das ist so eine Begriff aus der griechischen Mythologie. Den verwendet man um auszudrücken, bei einem Vorhaben etwas Gutes zu beabsichtigen. Aber gleichzeitig mit dem Guten kommt jede Menge Schlechtes und Gefährliches heraus."

„Was war denn für Venedig das Gute an Castelnuovos Vorhaben, dass wir es von den Osmanen befreien?"

„Naja, unser Doge hatte sich erhofft, die Osmanen gemeinsam mit den Spaniern aus unserem Gebiet vertreiben. Den Spaniern sind die Osmanen ja auch ein Dorn im Auge. Das Gute wäre eben gewesen, dass wir ungestört und in Sicherheit unsere Handelsschiffe überall in Venezianisch Albanien anlegen lassen könnten, wenn sie vollbeladen aus Asien nach Hause kommen."

„Ach ja, je mehr man hat, umso mehr will man bekommen. Und je mehr man bekommt, um so mehr wird dann zerstört."

„Das würde ich so nicht sagen, und das sollte vor allem niemand im Dogenpalast hören, Pietro! Der Handel ist die Grundlage unserer Republik, und die Händler sind die bedeutendsten Würdenträger am Hof! Es geht bei allen unseren Auseinandersetzungen mit Genua und Frankreich, den Ungarn und den Osmanen immer nur darum, unseren Handel zu schützen. Deshalb haben wir uns mit den Spaniern zusammen getan und sind gegen die Osmanen und die Franzosen losgezogen. Der große Fehler dabei war es bloß, diesen Admiral Andrea Doria als Oberbefehlshaber der gemeinsamen Flotte einzusetzen und ihm zu seinen eigenen Schiffen noch weitere dreihundert Schiffe von uns mitzugeben. Der hat in der Folge unsere dreihundert Schiffe prompt in eine Niederlage gegen die lächerlichen hundertzwanzig Schiffe von Khair ad-Din Barbarossa geführt! Dass das mit rechten Dingen zugegangen ist, kann glauben, wer will. Ich tu es nicht, denn seine eigenen Schiffe hat er alle unversehrt aus der Schlacht gebracht!"

„Leonardo, das musst du mir erklären: Dieser Andrea Doria ist doch aus Genua, oder?"

„Ja."

„Genua ist aber doch mit Venedig verfeindet, weil es ebenfalls Handel treiben möchte und Venedig und Spanien ihm dabei im Weg sind, richtig?"

„Ja."

„Dann verstehe ich nicht, wieso ausgerechnet ein genuesischer Admiral so viele Schiffe anvertraut bekommt und damit für uns kämpfen soll. Da kann man ja gleich die Ziege zur Hüterin des Kräutergartens machen. Ich nehme an, er ist danach aufgehängt worden?"

„Keine Spur", brach es aus Leonardo heraus. „Keine Spur! Er ist sogar noch vom Dogen ausgezeichnet und geehrt worden, weil er dem Feind nicht noch mehr Schiffe überlassen hat! Ich hätte diesen Kerl kopfüber am Besanmast des Flaggschiffs aufgehängt, aber das ist eben Politik!"

„Jaja, den Teufel muss man mit dem Teufel austreiben. Aber einen Teufel treibt man aus und zehn andere lässt man hinein! Machen die hohen Herren so etwas öfters?"

„Leider ja. Manchmal kann man nicht anders, auch wenn man das gerne würde. Manchmal hat man nur die Wahl zwischen Pest und Cholera, zwischen dem Krieg mit Feinden und dem Betrogenwerden durch Freunde. Das war bei der Geschichte mit Morato von Sebenik nicht anders."

„Morato von wo?"

„Von Sebenik. Der war ein eifersüchtiger kleiner Kriegsherr in den Diensten Venedigs, der den Hals nicht voll bekommen konnte und seinen persönlichen Vorteil über alles andere gestellt hat. Das war so: Nachdem die Spanier trotz dieser eigenartigen Seeschlacht Andrea Dorias etwas später das von den Osmanen besetzte Castelnuovo eingenommen hatten, haben sie alle Beteiligten gemäß der Vereinbarung entlohnt. Auch Morato von Sebenik hat bekommen, was ihm zugestanden ist."

„Dann war aber doch alles in Ordnung!"

„Sollte man glauben! Weil er nämlich nicht aktiv an der Eroberung Castelnuovos beteiligt war, hat er nicht wie andere das Recht bekommen, drei Tage lang in der Stadt zu plündern. Deshalb hat er zu Jahresbeginn mit fliegenden Fahnen das Lager gewechselt und ist mit drei Kompanien und sechs Kanonen auf Castelnuovo losgegangen. Die Spanier sind aus der Stadt ausgefallen, haben ihm die Kanonen weggenommen und ihn und seine Leute nach Spoleto zurück gedrängt. Aber dadurch sind die Osmanen neuerlich aufmerksam geworden und haben 60.000 Fußsoldaten geschickt und als Vorhut ihrer Flotte siebenundzwanzig Schiffe. Mit denen haben sie begonnen, das von den Spaniern eroberte und geplünderte Castelnuovo erneut zu belagern."

„Gratuliere, das nenn' ich wahre Treue von diesem Morato von Sebenik! Wir sagen bei Hochzeiten manchmal im Scherz: „Treu bis in die Todesstund' – solange nichts dazwischen kummt." Das hier klingt ganz ähnlich. Allerdings werden die Osmanen mit ihren siebenundzwanzig Schiffen nicht viel ausgerichtet haben, oder?"

„Ja und nein. Sie haben eigentlich nur abwarten wollen, was sie mit ihrer Flottenvorhut ausrichten können. Als sie aber einmal Frischwasser fassen wollten, haben sie sich Castelnuovo ungefähr tausend Schritt genähert. Die Spanier sind ausgefallen und haben vierhundert Osmanen getötet. Davon hat Khair ad-Din Barbarossa gehört und hat seine restlichen seiner hundertzwanzig Schiffe sofort nach Castelnuovo geschickt. Da war vorhersehbar, dass die Stadt wieder belagert, erobert und geplündert wird. Davon wird sich Castelnuovo wohl auch nicht so schnell erholen!"

„Ach ja, das wird schon so sein. Auf einem Weg, der viel befahren wird, wächst kein Gras."

„Dir gehen die Sprüche auch nicht aus, wie?"

„Naja, sie helfen im Leben und wahr sind sie ja auch. Aber sag, warum haben wir den Menschen in Castelnuovo denn nicht gegen die Osmanen geholfen?"

„Wie hätten wir das denn machen können? Die Osmanen waren uns doch haushoch überlegen!"

„Soso. Na, wir sagen bei uns zu Hause: Eine Ausrede und ein Nudelbrett sind die wichtigsten Dinge im Haus."

„Pietro, pass auf, was du redest! Erinnere dich doch: Unsere Flotte war zerstört, unser Heer bis auf die viertausend Spanier, die Castelnuovo eingenommen haben, längst zerstreut. Und wir hier in Cattaro? Was hätten wir denn mit unseren fünfhundert Soldaten ausrichten sollen?"

„Schon. Aber haben wir die Osmanen denn nicht sogar mit Hühnern, Eiern, Melonen und Zuckerwerk versorgt, als sie unterwegs nach Castelnuovo waren, um es einzunehmen?"

„Natürlich! Glaubst du denn, ich wäre interessiert daran gewesen, dass Khair ad-Din Barbarossa seine achtzig Kanonen an uns ausprobiert statt an Castelnuovo? Ich bin hier verantwortlich, und da gebe ich lieber den Osmanen einige Lebensmittel, wenn ich sie dadurch schnell los werden kann."

„Mir kommt vor, bergab schieben alle Teufel, aber bergauf hilft kein Heiliger. Wie ist es denn in Castelnuovo danach weiter gegangen?"

„Nun, die Spanier haben sich tapfer gehalten und haben von den Mauern herab bald achttausend Osmanen getötet. Und die Belagerung wäre wohl auch abgebrochen worden, wenn nicht einer der Spanier und ein Perser zu den Osmanen übergelaufen wären. Die haben Khair ad-Din Barbarossa berichtet, dass die Vorräte langsam zu Ende gingen und dass die Besatzung des Oberen Schlosses von siebenhundert Spaniern auf dreißig geschmolzen war. Dadurch sind die Osmanen natürlich ermutigt worden, haben ein letztes Mal angegriffen und die Stadt in einer mörderischen Schlacht erobert."

„Ja, eine Hand voll Glück ist mehr wert als eine Butte voll Verstand! Was ist dann mit den Verrätern passiert?"

„Ach, das ist auch so etwas, das mich fürchterlich aufregt! Es war wie bei Andrea Doria! Die beiden sind belohnt worden; einer von ihnen ist sogar zum Oberbefehlshaber der Stadt ernannt worden! Und das, obwohl sie noch wenige Wochen zuvor ihren Treueschwur auf die Markusrepublik geleistet haben und von ihr besoldet worden sind! Wenn ich noch welche hätte, würde ich mir am liebsten die Haare ausraufen!", verzagte Leonardo resignierend und mit einem Anflug von Selbstironie.

„Die großen Herrn und die großen Hund beißen einander nicht, wie mir scheint! Aber Leonardo, wieso hast du unsere Soldaten vorgestern denn nochmals losgeschickt, den Osmanen Lebensmittel zu liefern?"

„Nach der Einnahme von Castelnuovo hat Khair ad-Din Barbarossa geplant, auch gleich noch Cattaro einzunehmen. Da wollte ich ihn besänftigen."

„Ist es gelungen?"

„Nein. Dieser undankbare Korsar hat die Lebensmittel ins Meer geworfen und mir ausrichten lassen, dass er sich statt ein paar Melonen lieber die ganze Stadt holt."

„Ja, aber er hat doch heute Vormittag mit seiner Flotte die Segel gesetzt. Haben ihn unsere Falkaunen und Karthaunen so beeindruckt?"

„Keine Spur! Höre, welches Schreiben er mir überbringen ließ: „Ehrwürdiger Provveditore! Khair ad-Din Barbarossa, Oberbefehlshaber der osmanischen Mittelmeermarine, Großadmiral der osmanischen Kriegsflotte, Held von Tunis, Bezwinger von Menorca, Eroberer des Ägäischen und des Ionischen Meeres und Liebling des durchlauchtigsten Sultans Süleymans des Großen, sendet dir seine Grüße!" Dieses Schreiben hat gestern sein Diener überbracht und mir nach einigem Hin und Her gesagt, dass sein Herr bereit wäre, gegen ein Geschenk von fünfhundert Thalern von der Belagerung Cattaros abzusehen."

„Das ist also das Geld, das du heute in der Früh überbringen hast lassen?"

„Ja, genau! Aber jetzt überleg einmal: Für ein Bestechungsgeld von fünfhundert Thalern, die zugegebenermaßen sehr viel Geld sind, lässt sich ein osmanischer Großadmiral dazu bewegen, eine Stadt unversehrt zu lassen, deren Besitz seinem Sultan sehr willkommen sein muss! Ist der Weltuntergang nicht schon recht nah, wenn die Menschen derart illoyal und empfänglich sind?"

„Gott der Herr lässt sich nicht in die Karten schauen: Er mischt und gibt, wie es ihm passt. Und du hast die fünfhundert Thaler sicher gerne bezahlt, oder?"

„Natürlich! Aber ich habe so viel Geld ja auch nicht zur Verfügung. Deshalb habe ich dreihundertsiebzig Thaler von den reichen Bürgern hier borgen müssen, die sie mit Wechseln besichert haben wollten."

„Ich nehme an, das Geld bekommst du ja von den Vornehmen ersetzt, wenn du ihnen klarmachst, dass du damit verhindert hast, dass die Osmanen Cattaro belagern und einnehmen."

„Weit gefehlt, Pietro, aber ganz weit gefehlt! Die sind doch die, die jetzt gerade wieder gegangen sind. Die haben mich voll gejammert, dass die allgemeine Lage so schwierig und unsicher sei und sie selbst nicht wüssten, wovon sie leben sollten. Solche Lügner und Heuchler!"

„Ärgere dich doch nicht, Leonardo! Verschüttetes Wasser lässt sich nicht mehr aufheben."

„Stimmt schon. Aber einer hat sogar gesagt, dass ich Cattaro ruhig erobern lassen hätte sollen, denn ihm sei es egal, ob er seine jährlichen Steuern an Venedig zahlen müsse oder an die Osmanen! Das ist doch die Höhe! Was sagst du dazu, Pietro? Ist das der Dank, dass Venedig sie hier beschützt?"

„Das ist hart, das verstehe ich schon. Ich finde so ein Verhalten auch unglaublich, Leonardo! – Aber wie ich vorhin schon gesagt habe: Wenn du Dankbarkeit und Loyalität willst, solltest du dir einen Hund nehmen!"

LJES

20. JULI 1698

„Goce, sorg dafür, dass dieser Hund von Baltazar etwas zu essen bekommt, am besten in Momirs Haus. Halt ihn aber ja von meinem Haus fern; ich will ihn hier bei mir nicht mehr sehen!"

Das war doch wirklich die Höhe!

Seit ewigen Zeiten waren die einzelnen Clans der Schwarzen Berge, die Plemena, wie sich selbst nannten, niemandem Rechenschaft schuldig als nur sich selbst. Und das galt ganz besonders für seinen Clan, den Pleme der Pjesivici! Und jetzt diese Anmaßung, die ihm dieser Bischof aus Cetinje zumuten wollte!

Für Ljes war es seinerzeit gar nicht so einfach gewesen, der Anführer der Pjesivici zu werden. Dafür hatte er mehr als nur einmal sein Leben riskiert und als lediglich viertgeborener Sohn des Alten mehrmals selbst aktiv dafür sorgen müssen, dass der Clan der Pjesivici wieder einen neuen Kopf brauchte. Ja, an der Spitze zu stehen war mit vielen Gefahren verbunden, und man durfte niemandem trauen, das wusste Ljes nur zu genau.

Nicht nur deshalb trug er immer offen im Gürtel zwei Krummdolche und ein langes Messer bei sich. Seine beiden Krummdolche! Diese waren als Symbole für seine unumschränkte Macht ringsum bekannt wie gefürchtet. Den einen hatte er vor einigen Jahren einem Osmanen abgenommen, den er in den Bergen überrascht und mit bloßen Händen erwürgt hatte. Und den anderen hatte er mit Hilfe des einen erhalten, als nämlich dem ersten Osmanen ein zweiter zu Hilfe eilen wollte und dieser gleich darauf ein klaffendes Loch in seiner Gurgel hatte. Das war das erste Mal gewesen, dass er einen Krummdolch verwendet hatte, und er hatte rasch Gefallen an ihnen gefunden. Seitdem trug Ljes die beiden Symbole seiner Herrschaft am Gürtel und er hatte sie schon so häufig zum Einsatz gebracht, wie es Heuhaufen auf den Wiesen der Pjesivici gab.

„Und Goce, sag diesem Baltazar, dass er morgen früh wieder zurück gehen soll nach Cetinje, zu seinem Herrn und Bischof, der es tatsächlich gewagt hat, ihn mit solchen Forderungen zu uns zu schicken. Dem soll er ausrichten, selbst herzukommen und mir ins Gesicht zu sagen, dass ich ihn künftig als Oberanführer anerkennen soll! Und wenn er kommt, soll er gleich seine Bibel mitbringen, denn die werde ich ihm ins Grab mit hinein legen! So wahr ich ein gottesfürchtiger Christenmensch bin!"

Goce nickte und machte kehrt.

Ljes war wütend. Dieser Bischof Danilo schien seine Grenze nicht zu kennen! Innerhalb seines eigenen Clans konnte Danilo bestimmen, wie und was er wollte. Darüber hinaus hatte er aber nichts zu sagen, was nicht gerade die Kirche anging.

Denn kirchlich war der Bischof natürlich eine Autorität – das war unbestritten. Er war vom serbischen Patriarchen eingesetzt und das wollte Ljes auch gar nicht in Frage stellen. Es war ihm gewissermaßen sogar egal, wer Bischof war, selbst wenn Ljes mit seinem Clan nicht wie viele andere Clans zum Islam übergetreten war. Glaube hin, Glaube her, Ljes musste nur vorsichtig sein, wenn sich einzelne Clans verbündeten, damit das nicht zu seinem Nachteil ausgehen würde.

In den vergangenen Monaten, das hatte er mitbekommen, hatte Bischof Danilo immer wieder Versuche unternommen, einzelne Clans dazu zu bringen, sich seiner Oberhoheit zu unterwerfen. Bei der letzten Versammlung der Clanführer war das sogar kurz von Ljes angesprochen worden. Die Reaktion der anderen Stammesoberen war mehr oder weniger wie seine eigene gewesen: Danilo sollte Vladiko sein, also ein Gesandter gegenüber den Osmanen und den Venezianern, ohne aber in den Gebieten der anderen Clans etwas bestimmen zu können.

Aber dass der Bischof aus der Rolle des Vladika einen Machtanspruch über die anderen Clans ableiten wollte – das stand ihm einfach nicht zu und das musste Ljes klarstellen und gegebenenfalls beenden! Je früher umso besser!

Aufpassen musste Ljes trotzdem, denn einige der Anführer waren – wenn sie alleine waren – vielleicht nicht stark oder selbstbewusst genug, um gegen den Bischof aufzutreten, besonders wenn der seine kirchliche Autorität ins Spiel brachte. Und wenn dann eine Allianz mehrerer Clans entstand, die dem der Pjesivici nicht freundlich gesinnt waren, konnte es schon kritisch werden. Da könnte bei einigen die Idee entstehen, gemeinsam alte Rechnungen begleichen zu wollen.

Das wäre nicht gut, nein, überhaupt nicht gut! Noch dazu hatte Ljes im Rücken die Osmanen, die ihn derzeit zwar nicht sonderlich kümmerten. Aber wer weiß, wie sich die verhalten würden, wenn sie mitbekämen, dass der Clan der Pjesivici unter den Bergstämmen Montenegros, wie die Venezianer ihr Land nannten, isoliert war?

Goce kam zurück und berichtete, dass dem Boten des Bischofs in Momirs Haus ein Abendessen zubereitet würde.

„Goce, sag! Die Osmanen haben sich lange nicht mehr bei uns blicken lassen. Wann hast du denn zuletzt einen von ihnen in unserem Gebiet gesehen?"

„Ich glaube, das ist jetzt schon gut vier Monate her. Das war, als Kiro einen von ihnen erwischt hat. Wieso fragst du?"

„Ich mach mir nur gerade Gedanken über unsere Lage", erwiderte Ljes. „Und ich überlege, ob ich mich nicht mit den Anführern der benachbarten Clans treffen sollte, um ihre Meinung über unsere Position zwischen dem Bischof vor uns und den Osmanen hinter uns zu erkunden."

Die Osmanen!

Vor über 300 Jahren hatten sie auf dem Amselfeld die serbischen und bosnischen Clans bezwungen, obwohl die geeint gegen die Osmanen vorgegangen waren.

Dabei hatten die Serben damals als stark und unbezwingbar gegolten. Über ihre Heerführer wurden Wunderdinge erzählt: Lazar Hrebeljanović, Vuk Branković und Vlatko Vuković – jedes Kind kannte ihre Heldentaten. Aber weder ihr Mut noch ihre Gottesgläubigkeit hatte ihnen geholfen. Die Osmanen waren nach der Schlacht auf dem Amselfeld ungehindert weiter nach Norden vorgedrungen. Seit damals betrachteten die Osmanen das ganze Land als das ihre, bis hin zur Küste, wo die Venezianer das Sagen haben.

Andererseits, was hatten die Osmanen schon davon? Anders als die Serben zahlte ihnen keiner der Clans in den Schwarzen Bergen Tribut. Im Gegenteil: Wann immer sie ins Gebiet der Pjesivici kamen, mussten sie für alles bezahlen, was sie wollten: Wasser, Versorgung und freier Durchzug. Das galt auch für die Gebiete der anderen Clans in Richtung zum Meer hin, sogar im Gebiet des Bischofs Danilo, in Cetinje.

Ljes wandte sich an Goce:

„Wir sind frei und unabhängig und das wird so bleiben, solange ich der Anführer der Pjesivici bin! Am besten machst du dich morgen, wenn dieser Baltazar weg ist, auf den Weg zu unseren Nachbarn. Sag ihnen, ich will eine neue Versammlung einberufen. Es geht darum, weiterhin so zu leben wie unsere Vorfahren und diesem Bischof zu zeigen, dass er außerhalb seines Clans gar nichts zu sagen hat."

Frei und unabhängig!

Das waren bedeutende Worte für Ljes.

So wie für jeden einzelnen, der in einem der vielen Clans der Schwarzen Berge lebte. Ein Clan gab Sicherheit, er sorgte für ausreichende Nahrung, und niemand sollte sich anmaßen dürfen, dessen Freiheit und Unabhängigkeit beschneiden zu wollen.

Wann immer Feinde in größerer Zahl durch das Gebiet gezogen waren, hatten sich die Clanmitglieder in die Berge flüchten und verteidigen können. Wenn eine schlechte Ernte eingebracht worden war, konnte ein anderes der Dörfer innerhalb des Clans aushelfen. Und wenn von den Nachbarn Frauenräuber auszogen, die dafür sorgen wollten, das Blut in ihrem Clan aufzufrischen, konnten sich die Pjesivici dank ihres Nachrichtensystems rasch verständigen, organisieren und solche Versuche abwehren. Es ging den Mitgliedern der Clans in den schwarzen Bergen gut, so gut wie es einem freien Mann nur gehen konnte. Warum sollten sie das ändern?

Sicherlich, die Clans, die an der Küste lebten, hatten andere Erfahrungen. Da waren die Venezianer, mit denen sie sich arrangieren mussten. Aber hier, in den schwarzen Bergen? Vor wem sollten sie sich denn fürchten? Jeder Eindringling, der mit feindlichen Absichten kam, konnte doch froh sein, wenn er halbwegs lebendig ihr Gebiet wieder verlassen konnte!

Goce fragte: „Ljes, wieso glaubst du denn, dass das notwendig ist? Die Anführer der anderen Clans denken sicherlich ohnehin genau wie du."

„Das stimmt schon", vertraute Ljes ihm an. „Doch sollte man jemanden wie den Bischof Danilo niemals unterschätzen! Der plant ganz bestimmt Intrigen, auf die wir uns vorbereiten sollten. Seitdem wir ihn zum Vladika gewählt haben, nennt er sich hochtrabend Vladika Danilo Petrović Njegosch, ganz als ob er damit irgendwelche Ansprüche über die anderen Gebiete der Clans der Schwarzen Berge ableiten könnte. Dabei hat er durch diese Wahl nur die Ermächtigung bekommen, für uns alle zu sprechen, wenn es nötig wäre, mit den Venezianern oder den Osmanen zu verhandeln."

„Daran müssen wir diesen Hundesohn von einem Bischof unbedingt erinnern, Ljes! Willst du noch einmal mit Baltazar reden, bevor er sich morgen auf den Heimweg nach Cetinje macht?"

„Nein, Goce, sag du es ihm. Diese Machtanmaßung ist ohnehin lächerlich und ärgerlich zugleich! Ich habe erfahren, dass Danilo die Wahl zum Vladika abschaffen möchte und durch eine Erbfolge ersetzen will! Wie soll das denn gehen, wo er doch als Bischof unverheiratet und daher kinderlos sein muss?"

„Ich habe da so Gerüchte gehört, dass er seinen Neffen als Nachfolger einsetzen möchte. Und der soll dann wieder seinen Neffen einsetzen und so weiter."

Na das hatte sich der Bischof ja sauber ausgedacht!

Dagegen musste Ljes etwas unternehmen! Ein rasches Handeln schien noch dringender nötig, als Ljes es gedacht hatte. Am besten war es wohl, den Vladika herzulocken – und dann? Egal, was dann kommen würde! Jedenfalls würde der Vladika das Gebiet der Pjesivici nicht mehr lebend verlassen, das stand für Ljes fest.

Ljes fasste einen Entschluss: „Goce, gib Baltazar dieses Geschenk hier für den Vladika mit." Mit diesen Worten zog er den einen seiner beiden Krummdolche aus dem Gürtel und überreichte ihm seinem Vertrauten. „Er soll ihm sagen, dass ich ihm den zweiten Krummdolch persönlich überbringen werde, wenn er seine Machtgelüste nicht einstellt. Ich hoffe, er versteht meine Botschaft richtig!"

Goce wurde blass und sah Ljes unsicher an. „Meinst du wirklich, dass du dem Vladika eine solche Nachricht übersenden willst? Er ist ja immerhin auch unser Bischof!"

„Zum Teufel mit ihm! Er soll persönlich herkommen und mit mir reden. Dann werden wir schon sehen, ob er bei seinen Plänen bleiben will!"

Goce nahm den Krummdolch mit zitternden Händen und brachte ihn zu Baltazar.

Goce!

Was würde Ljes wohl ohne seine wenigen echten Gefolgsleute tun? Da waren Goce, Kiro und Momir, auf die konnte er sich wirklich verlassen. Die anderen – bei denen wusste man nie. Die taten unterwürfig, aber – alleine mit ihnen im Wald –

würde ihnen Ljes niemals den Rücken zudrehen. Wer wusste es wohl besser als er, niemandem völlig zu trauen?

Wann immer er das Gefühl hatte, dass jemand heimlich über ihn sprach und ihm auswich, wusste Ljes: Er musste wieder etwas tun, um keine Undiszipliniertheiten oder aufrührerischen Gedanken aufkommen zu lassen.

Öfter als einmal, zückte er selbst bei höher gestellten Clanmitgliedern einen seiner beiden berühmten Krummdolche und schickte den Verräter damit zur Hölle. Doch meist vertraute er diese Arbeit Goce an. Der war ihm aufs Engste verbunden, seit er ihm vor vielen Jahren im Kampf gegen drei Räuber das Leben gerettet hatte. Ljes konnte sich in jeder Situation bedingungslos auf ihn verlassen.

Denn so viel hatte Ljes in seinem Leben erfahren: Nur solche Ereignisse wie das mit den drei Räubern führten wirklich zu wahrer und tiefer Loyalität. Alles andere war lediglich oberflächlich und nicht auf ewig gültig, denn ein Verräter oder ein Neider würde seinen Eid jederzeit widerrufen, wenn für ihn die Zeit dazu gekommen war. Deshalb achtete Ljes auch sehr darauf, dass keiner seiner Söhne in ein Alter kommen würde, in dem er sich anmaßen konnte, ihn als Kopf des Clans abzulösen.

Sein Vertrauter Momir sah diese Gefahr zwar nicht so prekär wie Ljes, aber vielleicht war es ja auch an der Zeit, über Momir ernsthafter nachzudenken.

Gerade, als er das dachte, hörte er vor seinem Haus einen kurzen Streit und gleich danach einen lauten Aufschrei und ein Röcheln. Er stürzte hinaus und sah Momir vor dem Eingang in seinem Blut liegen. Neben ihm kniete Goce, aufgeregt, mit zerrauften Haaren und zerfetzter Kleidung, ein Messer in der Hand und das Hemd vom Momirs Blut bespritzt.

„Er wollte gerade zu dir, Ljes. Er ist mir sofort verdächtig vorgekommen, als er so lange bei Baltazar war und die beiden tuschelten."

„Gut gemacht, Goce! Ich hatte ohnehin schon so ein eigenartiges Gefühl wegen Momir. Man darf wirklich niemandem trauen! – Doch sag, hast du Baltazar den Krummdolch und meine Botschaft für den Bischof gegeben?"

„Selbstverständlich, Ljes, das ist schon erledigt."

„Und, was hat er gesagt?"

„Er entbietet dir seinen Respekt und schickt dir diesen Dolch hier aus der besten Werkstatt Venedigs. Er ist ein persönliches Geschenk des Bischofs an dich und du sollst ihn bis an dein Lebensende möglichst nahe an deinem Herzen tragen."

Ljes sah auf die funkelnde Klinge des Dolchs, der offen auf Goces Handflächen lag. Sie war zweischneidig, edel geschliffen, in alle Richtungen gleichförmig geplättet und glänzte wie ein Spiegel in der Sonne. Der Griff war kunstvoll nach venezianischer Art verziert. Ein wertvolles Geschenk, wenn man es unter anderen Umständen erhalten hätte. So aber war es ganz klar die Antwort auf seinen Krummdolch.

Wagte es sich dieser Bastard tatsächlich, ihn herauszufordern?

„Sag noch einmal, Goce: Was genau hat er gesagt, das ich mit ihm tun sollte?"

„Trag ihn ganz nah bei deinem Herzen!", stöhnte Goce. Und das war auch das letzte, was Ljes noch hörte, bevor der Dolch sein Hemd durchstieß.

Rajko

2. April 1913

Rajko war entsetzt. „Nein!", schrie er, dass es laut durch den langen Gang des Lazaretts hin- und im Echo wieder zurück schallte. „Nein, nicht mein Bein!"

Die beiden Sanitäter hielten ihn nieder. Bilder wie dieses hatten sie in den vergangenen Tagen immer wieder gesehen. Sie waren müde und wollten das Notwendige so rasch wie möglich hinter sich bringen. Einer drückte Rajko routiniert den Opiumschwamm über Mund und Nase, der andere band seine Arme und Beine mit Lederriemen auf die Liege.

Gleich darauf kam der Chirurg mit einer halbwegs sauber gewischten Säge in der Hand hinzu, auch er erschöpft und beinahe gleichgültig. Seine Kleidung war von oben bis unten mit Blut bespritzt, er machte sich ohne zu zögern an die Arbeit. Das Opium nahm Rajko etwas vom Leiden, aber es ließ ihn das Geschrei ringsum ebenso wahrnehmen wie die verschwitzten Leiber und den schlechten Atem der Sanitäter, den Druck der Lederriemen und das Knirschen, als die Säge seinen Knochen anschnitt. Dieser unmenschliche Lärm im Lazarett nahm Rajkos bald wieder anschwellendes, fassungsloses Brüllen in ein undefinierbares Getöse auf. Doch der Schmerz hatte bald Mitleid mit ihm und ließ ihn das Folgende nicht mehr miterleben.

Als Rajko aus seiner Bewusstlosigkeit erwachte, lag er auf der Liege, auf der zuvor der Chirurg sein Bein abgesägt hatte. Der Schmerz war groß, aber noch größer war nun seine Angst. Selbst wenn die Amputation gelungen war und er sie überleben sollte: wie würde ab nun sein Leben aussehen, wenn er nach Hause kam?

Dragan war mit seinen elf Jahren noch nicht alt genug, um den Hof zu führen. Bogdan und Mladen waren noch viel jünger. Und die Mädchen – ach die Mädchen!

Links neben ihm lag Mirko und weinte vor sich hin. Rajko versuchte vergeblich, sich bemerkbar zu machen. Hinter Mirko lag jemand, den Rajko kannte. Sie waren in derselben Einheit gewesen, aber Rajko wusste seinen Namen nicht. Auch er weinte, stöhnte und phantasierte im Fieberwahn.

Rajko dachte an Dubrovsko. Die Gerste war schon gesät – wie hoch sie jetzt schon stehen mochte? Wer sie im Sommer wohl einbringen würde? Vielleicht könnte er Bosko, seinen Nachbarn, bitten? Der war ja nicht mit in den Krieg gegen die Osmanen gezogen, weil er mit seinen fünfzig Jahren dazu schon zu alt war.

Der Krieg gegen die Osmanen!

Ja, der Krieg gegen diese verdammten Osmanen!

Er war wichtig, dieser Krieg, wichtig und unabdingbar. Das wusste Rajko, denn ihr Ortsvorsteher hatte verlautbart, dass König Nikola selbst dazu aufgerufen hatte. Und ihr König würde niemals etwas tun, was nicht notwendig wäre, das hatte der Ortsvorsteher auch dazu gesagt. Er hatte auch noch betont, dass König Nikola meinte, dass sich das kleine, junge Land gegen den großen Nachbarn behaupten müsse, aus dessen Unterdrückung es sich erst vor kurzem gelöst hatte.

Ja, nach Jahrhunderten der Besetzung lebten sie jetzt seit 34 Jahren in ihrem eigenen Land! Crna Gora, das Schwarze Gebirge! Was für ein treffender Name! Die Österreicher nannten es respektvoll „Schwarzenberg", die von den Osmanen noch unterdrückten Albaner gleichbedeutend „Mali i Zi" und die Venezianer – seit irgendwann früher einmal – „Montenegro". In diesem Furcht einflößenden Namen schwang die Achtung vor den hier lebenden Menschen mit. Menschen, die kräftig waren und die hart arbeiteten. Menschen, die es geschafft hatten, die Jahrhunderte dauernde Osmanenherrschaft abzuwerfen.

Zum Zeichen, wie stark und unbezwingbar die Menschen in Crna Gora waren, war Fürst Nikola vor knapp drei Jahren König geworden. Das war für alle im Lande eine große Ehre, denn sie wurden sich dadurch ihrer Kraft und ihrer Bedeutung so recht bewusst. Sie alle, die in diesem Land lebten, waren dadurch aufgewertet worden: die eigentlichen Montenegriner, nämlich die Crnogorci, aber auch alle anderen, die in ihrem Land lebten: die Srbi, die Bošniaci, die Albanci, die Muslimani, die Hrvati, ja sogar die Romi. Sie waren jetzt auf einer Stufe mit den Srbi, die ja auch ihr Königreich hatten, oder mit den Grci mit ihrem König in Atina und mit den Bugari mit deren König in Sofija.

Rajko erinnerte sich daran, wie sie damals der Ortsvorsteher zusammengerufen hatte und ihnen diese großartige Botschaft aus ihrer Hauptstadt Cetinje überbrachte. Das war am Tag der letzten Ernte gewesen und sie alle waren müde, verschwitzt, aber glücklich, denn die Ernte war gut ausgefallen. Besonders Rajko war zufrieden, denn die Gerste, die er eingebracht hatte, versprach ihm und seiner Familie einen Winter mit genügend Kohle, um nicht nur die Küche zu heizen, sondern auch das große Zimmer, in dem sie alle ihre Betten hatten. So war die Nachricht des Ortsvorstehers gerade in einem Moment gekommen, als Rajko sehr, sehr glücklich und zufrieden war.

Und als dann der Ortsvorsteher vom Wagen neben ihm auch noch drei große Fässer nehmen ließ, die Fürst Nikola – nein: König Nikola! – ihnen geschickt hatte, um diesen Tag mit seinem Volk zu feiern, da wusste Rajko, dass es ein wirklich großer Tag war, von dem er seinen Enkelkindern noch erzählen würde.

Die würden ihn fragen: „Rajko-Deda, Ihr habt wirklich alle so viel trinken dürfen, wie Ihr wolltet, ohne auch nur einen einzigen Perper dafür zahlen zu müssen?" Und Rajko würde aus seinem Gesicht mit den weißen Bartstoppeln lachen und stolz sagen: „Ja, ich war dabei, als wir ein bedeutendes Land wurden! Eure alte Baka Marijana war mit Euren Eltern damals zu Hause, und auch sie war sehr stolz, als ich ihr erzählte, dass wir ab nun ein Königreich zur Heimat hatten!"

Immer wieder hörte Rajko später davon, dass auch andere Länder die Stärke und den Schutz Crna Goras suchten. Die Srbi, die Bugari, die Grčki, ja sogar die Rusi mit ihrem Car in Moskva hatten Beistandsverträge mit Crna Gora geschlossen. Der Ortsvorsteher hatte ihnen gesagt, diese Bündnisse würden „Balkanski Bund" genannt, Balkanbund.

Rajko war stolz darauf, zu einem so starken Volk zu gehören, um dessen Freundschaft sich sogar so große und mächtige Länder bemühten.

Und er war auch stolz, als zwei Jahre später das kleine Crna Gora dem Otomansko Bogat einseitig den Krieg erklärte. Ja, dem großen Osmanischen Reich! Auch vor ihm musste sich niemand fürchten, der ein echter Crnogorac war! Denn ein Crnogorac, egal ob Srbin, Bošnjak, Albanac, Muselman, Hrvat oder auch ein Rom, konnte es durch seinen Mut und seine Kraft locker und leicht mit mindestens zehn Osmani aufnehmen!

Am Zeitpunkt der Kriegserklärung konnte Rajko erkennen, wie umsichtig König Nikola war, denn jetzt, im beginnenden Herbst, waren nicht nur alle Feldfrüchte schon eingebracht, sondern auch der Wein war gelesen und großteils schon verarbeitet.

Rajko selbst hatte keinen Weinberg, denn die fünf Stöcke in seinem Garten konnte man ja nicht gerade ernsthaft so bezeichnen. Aus denen bekam er gerade genügend Trauben, um einige Dutzend Krüge Wein zu machen, aber ausreichend war das nicht einmal für ihn selbst. Und er war auch nicht so geschmackvoll wie der Wein, den sie aus Herceg-Novi oder Risan bekamen. Aber es war Rajkos eigener Wein und zum Trinken nach der Feldarbeit war er jedenfalls gut genug.

Seine Frau Marijana kümmerte sich um die Kinder und um den Garten. Dort baute sie Erdäpfel an, Salat, Paradeiser,

Melanzani, Zucchini, Gurken und Paprika. Die verarbeitete sie, und so hatten sie das ganze Jahr über ausreichend Gemüse. Marijana sorgte sich auch um die Hühner und die beiden Ziegen. Ja, Rajko wusste, dass er mit Marijana ausgesprochenes Glück hatte. Nicht jeder im Dorf hatte so viel Glück mit seiner Frau wie er. Aber schließlich war es ihm ja schon mit seinem Namen in die Wiege gelegt worden: Rajko, der Mann, der lebt wie im Paradies. Das hatte er mit seiner Marijana gefunden, daran bestand kein Zweifel!

Marijana!

Wie würde er ihr jetzt erklären, dass er mit nur einem Bein nach Hause kommen würde? Was würde sie dazu sagen? Sie, die mit ihren sieben Kindern, dem Gemüsegarten und den Tieren ohnehin Tag und Nacht schuftete, damit alle genug zu essen hatten? Wie würde es nun weiter gehen?

Rajko fühlte die Angst in sich hoch kriechen. Die Angst, dass es um sein Paradies nun geschehen sein könnte. Die Angst vor dem, was nun kommen würde. Die Angst um seine Familie, die vielleicht bald nicht mehr genug zu essen haben würde. Er fühlte nun wieder den Schmerz an seinem Bein, der ihn fast wieder zurück in die Ohnmacht trieb.

Ihm wurde schwarz vor Augen. War das wirklich von den Höllenqualen? Oder war es doch mehr wegen seiner Angst? Oder aber quälten ihn seine Gedanken so sehr, dass sein Geist Schutz im Dunkel der Ohnmacht suchen wollte? Diese Gedanken rannten in seinem Kopf Sturm, hämmerten von innen gegen seinen Schädel, ließen sich nicht und nicht beruhigen.

Seine Gedanken.

Er grübelte, seitdem er die Granate vor sich aufblitzen hatte sehen. Da waren die Gedanken blitzartig gekommen und seither nicht wieder verschwunden. Weder, als er hilflos liegen geblieben war, noch dann, als ihn die Sanitäter ins Lazarett schleiften, und auch nicht später, als er auf die Liege gelegt wurde und zu ahnen begann, was mit ihm passieren würde. Und jetzt ließen sie ihn schon gar nicht mehr los.

Diese Gedanken.

Seine Gedanken und Marijana.

Marijana hatte ihn ja damals gebeten, nicht mit in den Feldzug gegen die Osmanen zu ziehen. „Lass das die machen, die keine Familie haben", hatte sie gemeint. „Wer soll sich denn um uns alle kümmern, wenn du nicht mehr heimkommst?"

„Ich komme sicher wieder!", war Rajko zuversichtlich. „Und dann wirst du schon sehen, dass du nur schwarz gemalt hast."

Ja, jetzt würde er wohl wieder kommen. Aber so? So hatte er sich das nicht vorgestellt, damals!

Damals, vor knapp einem Jahr, als ihnen der Ortsvorsteher den Rekrutor aus Cetinje vorgestellt hatte. Damals, als der Rekrutor ihnen wortreich schilderte, wie wichtig König Nikola es halte, dass Crna Gora die Osmanen aus der Nachbarschaft des jungen Landes vertrieb. Damals, als der Rekrutor ihnen versicherte, dass König Nikola die ständige Bedrohung durch die Hohe Pforte, wie er den Sitz des Sultans in Istanbul nannte, nicht länger hinnehmen wollte und konnte.

Rajko hatte Marijanas Bitten als Frauengeschwätz abgetan und sich als einer der ersten gemeldet. Und Mirko, der jetzt auf der Liege neben ihm lag, war mit ihm gegangen. Sie waren gemeinsam mit einigen anderen Freiwilligen nach Cetinje marschiert, hatten gemeinsam ihre Uniformen und ihre Waffen bekommen und waren dann gemeinsam mit ihrer Einheit in die Gegend von Novi Pazar gebracht worden. Mirko immer neben Rajko, wie Zwillinge.

Mirko.

Mirko war ledig, das wussten alle im Ort. Jeder wunderte sich, dass Mirko den Schönheiten der Mädchen in Dubrovsko keine Beachtung schenkte. Es wurde Verschiedenes über Mirkos mögliche Vorlieben gemunkelt, aber niemand wusste etwas Bestimmtes. Die wahre Antwort war, dass Mirko schon lange eine Braut in Plužine hatte, das ein paar Meilen flussabwärts am Pivsko See lag: Draga, die älteste Tochter des Fischers

Vlatko. Aber das wusste niemand in Dubrovsko. Selbst Rajko hatte es Mirko erst an dem Tag anvertraut, an dem sie erfahren hatten, dass die Bugari Adrianopel eingenommen hatten.

Sie lagen gemeinsam nebeneinander in den Gräben vor Novi Pazar. Sie schossen gemeinsam auf die Osmanen, sobald sich einer zeigte. Sie hörten gemeinsam, dass die Srbi in der Zwischenzeit Üsküb eingenommen hatten, welches die Makedonski Skopje nannten. Und bald darauf hatten sie gemeinsam mit den anderen Crnogorci, aus denen die stolze Armee von Crna Gora bestand, Novi Pazar eingenommen. Sie waren unbezwingbar mit ihrer Kraft und ihrem Willen. Sie waren echte Crnogorci!

Jede Woche las ihnen ihr Kommandant einen weiteren Brief von König Nikola vor, in dem er ihnen versicherte, wie wichtig sie mit ihrem Heldenmut für Crna Gora und seine Zukunft waren. Das waren sehr ermutigende Worte, und vor allem: sie kamen vom König selbst! Obwohl, manchmal kam es Rajko so vor, als hätte er den Inhalt schon einmal gehört, wenn auch vielleicht mit anderen Worten. Aber selbst wenn das so wäre – auch ein König hatte eben nur eine begrenzte Anzahl von Worten zur Verfügung.

Und jetzt lagen Mirko und er auf zwei Liegen nebeneinander im Lazarett bei Shkodra, hatten Schmerzen, Angst und zusammengerechnet nur mehr zwei Beine. Das war irgendwie makaber, aber doch auch ein bisschen lustig, und so musste Rajko auflachen.

Mirko sah zu ihm hin: „Rajko, prijatelju moj, wieso lachst du?" – „Mirko, mir ist gerade unser Frage-und-Antwort-Spiel eingefallen, das wir nach der Schule so oft gespielt haben. Und jetzt hab ich eine Frage an dich: Was ist das? Es hat vier Arme, zwei Beine und liegt im Lazarett vor Shkodra?"

Mirko sah ihn fassungslos an. Dann begriff er, sein Gesichtsausdruck veränderte sich und er lachte auf. Laut schrie er durch den Gang, so dass es alle hören sollten: „Wisst ihr, was das ist: Es hat vier Arme, zwei Beine und liegt im Lazarett vor

Shkodra? Wir sind das! Wir! Mein Freund Rajko hier und ich, Mirko, aus Dubrovsko!"

Rajko stimmte in das Lachen mit ein. Auch er lachte laut, immer lauter, und durch das Echo glaubte man bald, dass alle im Lazarett lachten, obwohl das Lachen nur von Rajko und Mirko stammte.

Und nur wer ganz genau hinhörte, konnte die Angst und die Verzweiflung darin hören.

Mihajla

1. August 1913

„Brennt! Ja, brennt, dass eurem Allah die Augen tränen, wenn ihm euer Rauch ins Gesicht steigt!"

„Mihajla, so warte doch! Da sind noch Menschen in der Moschee!", warnte sie Goran. „Lass sie zuerst heraus kommen!"

Die Fanatikerin ließ sich nicht bremsen: „Ich gehe meinen Weg, und wenn diese Muslime sich dabei in den Weg stellen, kann ich ihnen nicht helfen!"

Mit diesen Worten entzündete sie unbeholfen mit den feuchten Zündhölzern eine weitere Pechfackel und warf sie voll Zorn und Hass durch ein Fenster der verriegelten Moschee von Rožaje.

Denn Mihajla wusste: Sie musste ihren Weg gehen.

Es war dies der Weg, den heute außer ihr und Goran noch einige Dutzend Landsleute aus umliegenden Orten gingen, die mordend, plündernd und brandschatzend durch das montenegrinisch-muslimische Rožaje zogen. Der Krieg gegen die Osmanen war vorbei. Jetzt war der Tag der Rache gekommen. Der Tag, an dem die Muslime aus Montenegro vertrieben werden sollten!

Wie das geschehen sollte? Da hatte wohl jeder seinen eigenen Weg, das zu erreichen. Seinen Weg sucht man sich nicht aus. Er wird einem vorgegeben. Vom Schicksal, vom allmächtigen Gott, von den Umständen. Durch wen immer er bestimmt werden mochte – das Entscheidende ist: Man erkennt seinen Weg und geht ihn. Unbeirrt!

So wie seinerzeit der Njegoš seinen Weg zu gehen hatte.

Der große Bischof Petar II. Petrović-Njegoš, dieser unbeschreibliche und ewig als Vorbild aller später geborenen Montenegriner lebende Dichter, Vladika, Liebling und Anführer aller aufrechten, freiheitsliebenden Menschen!

Der Njegoš!

Er, der vor siebzig Jahren die Macht der zahlreichen Clans gebrochen und die Montenegriner erstmals wirklich geeinigt hatte. Er, der damit die Grundlagen für ein Königreich geschaffen hatte, das dann – beinahe dreißig Jahre nach seinem Tod – entstanden war.

Er, der so jung hat sterben müssen und dessen Grabstätte hoch oben auf dem Berg Lovćen bei Cetinje so schwer erreichbar war, wie er es in seinem Vermächtnis bestimmt hatte: „Kein Türke soll je einen Fuß auf mein Grab setzen!"

Er, der das große serbisch-montenegrinische Epos geschrieben hatte, den Bergkranz. Und der damit den Serben und den Montenegrinern gezeigt hatte, dass sie sich gegen die Osmanen auflehnen und sie aus ihren Löchern vertreiben mussten. Denn er hatte darauf hingewiesen: Nicht der Islam von außen war die Gefahr für die Montenegriner, sondern der Islam von innen. Eine Gefahr, die entstanden war, weil in den langen Jahren der Osmanenherrschaft viel zu viele der montenegrinischen Clans zum Islam konvertiert waren.

Und deshalb schleuderte Mihajla jetzt voll Abscheu eine weitere Fackel durch die geborstenen Fensterscheiben der Moschee.

„Brennt, wie es im Bergkranz geschrieben steht!"

Der Bergkranz!

Dieses wunderbare Epos des größten aller Schriftsteller der Serben und Montenegriner!

Mihajla kannte jede Zeile auswendig. Mehr für sich selbst als für ihre Umgebung begann sie zu rezitieren, wie die Serben und Montenegriner seinerzeit die wehrlosen Muslime niedergemetzelt hatten:

„Soweit sich Cetinjes Eb'ne breitet,

konnt kein Aug entfliehen und kein Zeuge,
keiner künden, wie es dort ergangen.
Alle mussten unserem Schwert sich beugen,
die zum Kreuz sich nicht bekehren wollten."
Der Bergkranz!

In ihm überliefert der Njegoš, dass schon Danilo, der vor gut zweihundert Jahren nicht nur Bischof, sondern auch der erste Vladika in Montenegro gewesen war, die Gefahren des inneren Islams erkannt hatte.

Und er beschreibt weiter, dass sich Danilo nicht sicher war, ob er es verantworten durfte, so viele wehrlose islamische Menschen töten zu lassen. Noch dazu, wo es sich ja bei ihnen um Montenegriner handelte. Danilo überlegte lange hin und her, und er beriet sich gewissenhaft mit seinen Edlen. Schließlich, nach langem Abwägen, befahl er das Massaker an den montenegrinischen Türken, die trotz Androhung nicht geflohen waren.

Recht hat er getan!

Diese Idioten!

Warum waren sie denn nicht einfach weggegangen, als noch die Zeit dafür war?

Sie hatten wohl gehofft, dass sie verschont bleiben würden, bloß weil sie ebenfalls Montenegriner waren und so wie die anderen Clans seit Jahrhunderten hier lebten!

Wie kann man nur so naiv sein?

Es war doch klar: Danilo musste seinen Weg gehen und da hatten sie ihm nicht im Weg zu stehen.

Und jetzt war es wieder so wie damals.

Diesmal mussten alle christlich-orthodoxen Montenegriner den ihnen vorbestimmten Weg gehen. Einen Weg, den ihnen – der allmächtige Gott sei gelobt bis in alle Ewigkeit – der Njegoš mit dem Bergkranz gezeigt hatte: Die montenegrinischen Türken mussten ausgeräuchert werden!

Denn der Bergkranz zeigte die Wahrheit und den Weg!

Obwohl, fairerweise muss man schon sagen, dass es auch andere Stimmen gab. Diese anderen Stimmen sagten, dass der

Njegoš die Geschichte in seinem Sinn verdreht und die Menschen manipuliert hätte. Sie behaupteten nämlich, dass dem Njegoš ebenso wie zweihundert Jahre zuvor dem Bischof Danilo der innere wie der äußere Islam in Wirklichkeit herzlich egal gewesen wäre und er ein ganz anderes Motiv gehabt hätte. Dieses Motiv, so behaupteten sie, sei der Wille gewesen, die eigene Macht durchzusetzen und die montenegrinischen Clans zu einigen. Dass das mit Hilfe eines gemeinsamen Feindbildes leichter ginge, lag auf der Hand. Ein Feindbild, das eben die Osmanen abgeben sollten.

Aber das war ja lächerlich! Wer so etwas sagte, brandmarkte sich ja selbst, entweder als Verräter am Montenegrinertum oder als ahnungsloser Schwachkopf!

Jedes Kind, das den Bergkranz gehört hatte, wusste doch, dass der Njegoš die reine Wahrheit geschrieben hatte! Und jeder Montenegriner wusste, dass der Njegoš so wie Danilo nicht nur Vladika, sondern gleichzeitig auch der orthodoxe Bischof von Cetinje gewesen war und so wie dieser die Türken gehasst hatte. Denn die waren eine beständige Bedrohung für alle Montenegriner, so lange sie im Land waren, das konnte niemand leugnen.

Daher hatte der Njegoš – so wie seinerzeit Danilo – eben seinen Weg zu gehen, der da hieß: Einigung der Clans und Aufbau eines freien, unabhängigen Staates. Das war seine ihm von Gott übertragene Aufgabe, sein vorgegebener Weg. Wenn er dabei hier und da etwas kreativ oder unorthodox nachhelfen musste, war das nicht seine freie Entscheidung, sondern Teil des ihm gewiesenen Weges.

Von einer höheren Ebene aus betrachtet, konnte man das auch so beschreiben: Der Weg des Njegoš war nicht anders als alle vorbestimmten Wege im Leben. Seinen Wegen kann man nicht ausweichen. Wenn andere dabei auf der Strecke bleiben, ist das vielleicht schade, aber unvermeidbar.

Mihajla dachte an ihren Bruder Rajko, der im Krieg gegen die Osmanen ein Bein hatte lassen müssen. Natürlich wäre er lieber mit beiden Beinen aus dem Krieg gekommen. Aber auch er hatte seinen Weg zu gehen. Und wenn der Weg vorsah, dass Rajko nur mehr ein Bein haben sollte – was klagte er denn dann? Es war, wie es war! Das Leben war ein Fluss!

Mihajla entzündete eine weitere Fackel und warf sie in die Moschee. Dabei feuerte sie, nun lauter werdend und triumphierend den Bergkranz deklamierend, die vorbeilaufenden Plünderer und Brandschatzer an:

„Eingeäschert sind der Türken Häuser,
damit keine Stätte von dem Teufel,
keine Spur im Land mehr übrig bleibe."

Goran hielt es nicht mehr aus:

„So lass doch die Menschen heraus! Es genügt völlig, wenn wir ihre Moschee niederbrennen und ihre Höfe in Besitz nehmen!"

Mihajla schüttelte den Kopf.

„Ich muss tun, was ich tun muss. Jetzt muss ich meinen Weg gehen. Da kann ich keine Rücksicht auf andere nehmen."

„Aber es sind doch Menschen wie du und ich, Mihajla! Menschen mit Gefühlen! Menschen, die unsere Nachbarn waren und mit denen wir in der Vergangenheit Freud und Leid geteilt haben!"

„Aber jetzt sind sie dort, wo sie sind! Ich habe ihnen nicht gesagt, dass sie sich hierher flüchten sollen. Wenn sie vorzeitig in die Hölle fahren, ist das ihre eigene Schuld!"

Goran war entsetzt. So kannte er Mihajla nicht.

Es stimmte schon: sie war manchmal etwas engstirnig und eine Spur zu geradlinig und auf ihr eigenes Ziel ausgerichtet. Aber sie war nicht von Natur aus böswillig, sondern im Gegenteil meistens sogar ausgesprochen liebenswert, umgänglich und freundlich.

„Mihajla, lass mich die Riegel von der Eingangstür wegnehmen, dass sie heraus können!"

„Goran, geh mir aus dem Weg! Du kannst mich nicht aufhalten!"

„So lass wenigstens die Kinder heraus!"

„Wenn welche drin sind, tut mir das Leid für sie. Ich will sie nicht verletzen, aber wenn sie mir und der Wahrheit im Weg stehen, muss ich auch das in Kauf nehmen!"

„Mihajla, ich gehe jetzt zur Türe und löse die Riegel! Halt ein mit dem Fackelwerfen!"

Mihajla hielt kurz inne und schaute Goran verwirrt an.

Ihre Augen sahen eine andere Wirklichkeit und sie wusste nicht, wie sie sich verhalten sollte. Sie sah ihren Freund Goran, sie sah hinter sich die an der Moschee empor züngelnden Flammen und sie sah rundherum bewaffnete und mit Fackeln ausgerüstete Nachbarn über den Platz laufen.

Sie hörte, wie Goran auf sie einredete, sie hörte die Menschen in der Moschee weinen und schreien und sie hörte die hastigen Schritte und die Rufe der Menschen rund um sich.

Sie spürte, wie Goran sie an den Oberarmen fasste und rüttelte, sie fühlte hinter sich die aufsteigende Wärme und sie erlebte den Hass rings um sich. Doch warum stellte sich Goran ihr in den Weg?

Wieso wollte er verhindern, dass sie tat, was sie zu tun hatte? Er war doch seit Kindertagen immer ein treuer Freund gewesen! Eigenartig, darüber würde sie nachdenken müssen!

Jetzt aber, jetzt richtete sie erst einmal ihr Augenmerk auf den Dachstuhl, aus dem eine erste Flamme züngelte.

Gleichzeitig stürzte Goran zur Moschee und hantierte an den Riegeln. Die hatten sich durch die Hitze verzogen und waren widerspenstig. Goran hatte zu kämpfen. Er rüttelte an der Tür und versuchte verzweifelt, die Riegel zu lösen.

Mihajla konzentrierte sich wieder auf die Moschee. Das Gebäude selbst brannte an mehreren Stellen, aber das Minarett war noch beinahe unversehrt.

Als ihr das bewusst wurde, verstand sie:

„Das Minarett muss brennen, dieser Turm, den die Türken als Fingerzeig in den Himmel richten. Am besten wäre es, sein Dach zu treffen. Ob ich die Fackel bis dort hinauf werfen kann?"

Sie rieb ein Zündholz mehrmals an der Reibefläche, bis es endlich entflammte und entzündete damit eine weitere Pechfackel. Dann trat sie einen Schritt zurück, holte weit aus und warf sie mit Schwung in weitem Bogen hoch hinauf auf's Minarett.

Das Dach war wie befürchtet zu hoch oben. Die Fackel erreichte es nicht ganz, deshalb fiel sie auf das darunter liegende schräge Holzdach der Moschee. Von dort rollte sie weiter und fiel auf Goran, der noch immer am Tor verzweifelt versuchte, die Riegel zu lösen. Sie verfing sich in seinem weiten Hemd und das brennende Pech setzte seine Kleidung so rasch in Brand, als ob sie aus Stroh wäre.

Im allgemeinen Lärm der Schreie der Eingeschlossenen und der Flammen und durch die Anstrengung beim Riegellösen bemerkte Goran das erst gar nicht. Erst nach einigen Sekunden roch er seine angesengten Haare und dann spürte er die Hitze auf seinem Rücken. Er drehte sich ruckartig um und sah einige Schritte hinter ihm seine fassungslose Freundin.

„Mihajla, was ist das? Was hast du getan?"

„Ich muss irgendwie das Minarett in Brand setzen!"

„Ich brenne! Los, hilf mir, meine Kleider zu löschen!"

Goran versuchte, sein Hemd abzustreifen, aber es war zu stark verknotet und überall, wo er hin greifen wollte, es auszuziehen, brannte es schon. Er rieb sich an der Mauer der Moschee, doch das Pech haftete an ihm, an der Kleidung und an der Mauer und die Flammen loderten weit über ihn auf.

Mihajla stand wie hypnotisiert, beobachtete sich selbst und die ganze Situation. Sie sah vor sich ihren brennenden Freund, sie sah im Hintergrund die Flammen aus der Moschee und sie sah sich, wie sie auf Goran starrte.

„Schnell!", rief dieser. „Ich brenne! Hilf mir, Mihajla!"

Wie in einem Alptraum verharrte sie, und es fiel ihr schwer zu begreifen, was sie da sah. Goran wälzte sich auf dem Boden, um die Flammen zu ersticken, aber das brennende Pech war eine teuflische Waffe, es ließ sich nicht einfach löschen. Er kämpfte verzweifelt um sein Leben und schrie:

„Mihajla! Komm her! Hilf! Die Schmerzen sind unerträglich!"

Sie wollte sich bewegen, aber sie konnte nicht. Ihre Arme, ihre Beine, ihr ganzer Körper fühlte sich an wie gelähmt. Unmerklich schaffte sie es nur, im Geist langsam, ganz langsam die Lippen zu bewegen: „Das tut mir leid, Goran! Das wollte ich nicht!"

Gorans Schreie wurden unmenschlich, unerträglich, noch viel schlimmer als wenn beim Schweineschlachten ein Tier nicht gut getroffen wurde. Mihalja sah sich, wie sie hier bewegungslos stand, entsetzt das Ergebnis ihres fehlgeleiteten Fackelwurfs vor sich. Sie sah, wie ihr Freund versuchte, wegzulaufen, gleich darauf aber wieder zu Boden ging, sich wälzte, wie er vor Schmerzen brüllte, wie seine Bewegungen langsamer wurden und sein verzerrtes Gesicht schließlich erstarrte. Und sie sah, wie die Flammen über ihn hinweg wuchsen und er darunter verschwand.

Wie mit einem Ruck konnte sie sich plötzlich wieder bewegen und Tränen schossen ihr in die Augen. Sie lief zu Goran hin und rief:

„Das wollte ich nicht, wirklich nicht! Ich wollte doch nicht dich treffen! Das musst du mir glauben!"

Nachdem sie weinend eine Weile so gekniet hatte, stand sie langsam auf und starrte weiter auf die verkohlten Reste ihres Freundes. Dann wich ihr Blick ab auf die brennende Moschee und sie begann laut vorzutragen:

„Doch wir brannten ihre Häuser nieder,
die Moscheen, die großen wie die kleinen
machten wir zu einem Trümmerhaufen."

Nach diesen Worten nahm sie apathisch ein Zündholz und setzte zitternd eine weitere Fackel in Brand, die sie leidenschaftslos durch ein Fenster in die Moschee warf.

„Wenn das mein Weg ist, dann muss ich ihn eben gehen, so wie der Njegoš seinen zu gehen hatte", tröstete sie sich.

Dann wandte sie sich murmelnd und stockend an das, was vor kurzem noch Goran war:

„Goran, mein Freund, mein geliebter Freund!

Du weißt es ja, das Leben ist ein ständiger Fluss!

Und es tut mir so leid! Ich wollte dich wirklich nicht verletzen!

Kannst du mir verzeihen?

Du musst verstehen …

… es war …

… es war …

… eben mein Weg!"

ALEKSANDAR

9. Oktober 1934

„Gott, lass mich das überleben! Das wäre ja paradox! Ich will nicht so enden wie der Habsburger in Sarajevo! Gib mir eine zweite Chance!"

Aleksandar stöhnte im Fond des offenen Wagens auf und schaute nach links, wo Minister Barthou ebenfalls schwer getroffen war. Barthou rührte sich nicht; man sah nur das Blut langsam aus seinen Wunden rinnen. War er tot?

Ausgerechnet Barthou, der französische Außenminister, der ihn vor Beginn seines Staatsbesuchs in Marseille davor gewarnt hatte, dass die Ustascha und der italienische Geheimdienst einige Mordkommandos für ihn nach Frankreich geschickt hatten!

Als ob er sich von so etwas beeindrucken lassen hätte!

Er war der König von Jugoslawien, kein dahergelaufener Präsident oder Minister!

Und überhaupt: Warum sollten diese Großmäuler der Ustascha es denn wagen wollen, ihn zu ermorden? Die konnten doch froh sein, einen so charismatischen Menschen wie ihn zum König zu haben! Eiferer, so wie dieser Ante Pavelić einer war, wollten Kroatien aus dem Königreich Jugoslawien heraus lösen. Lächerlich! Dankbar sollten sie sein, ja dankbar, für das, was er aus dem Land gemacht hatte! So dankbar wie es Serbien war. Oder auch Montenegro.

Montenegro, Land seiner Mutter!

Das war der Teil Jugoslawiens, mit der Aleksandar seine Jugend verband.

In seiner Hauptstadt Cetinje war er vor zweiundfünfzig Jahren geboren worden. Dort durfte er sein, bis er nach Genf und St. Petersburg zu höheren Schulen musste. Er liebte die Gegend und die Menschen, und er kannte jeden Stein zwischen dem Lovčen und dem Shkodra-See! Er liebte die glühende Sonne des Sommers, wenn er sich im kühlenden Schatten des Palastes und seiner großen Hallen auf den Boden legte. Er liebte es, mit seinen Freunden auf die Berge zu steigen und dann, endlich verschwitzt oben angelangt, den herrlichen Rundblick über die Berge und Täler bis hin zum Meer zu genießen. Und ebenso liebte er es, wenn im Winter die Bora von Norden kam und den Regen so stürmisch durchs Land peitschte, dass sogar erwachsene Menschen umgeworfen werden konnten. Dann verkroch er sich gerne in die Küche des Palastes, wo ihm die Köche gebratene Äpfel schenkten, die sie mit Nüssen und Honig gefüllt hatten.

Montenegro war seine Jugend.

Und es war das Paradies, das seiner Familie eine Heimat gegeben hatte, als sie nicht mehr im Land seines Vaters bleiben durften, sondern im Exil leben mussten. Dabei war sein Vater niemand anderer als der serbische Prinz Peter Karađorđević! Und seine Mutter Zorka Petrović-Njegoš, die Tochter Nikolas I. von Montenegro!

Seine Eltern hatten immer davon gesprochen, dass ihre Dynastie eine zweite Chance bekommen sollte, Serbien zu regieren, nachdem der Großvater so schändlich vertrieben worden war.

Als Aleksandar fünfzehn gewesen war, kam sie tatsächlich, diese zweite Chance: Oberst Dimitrijević hatte erfolgreich einen Putsch durchgeführt und seinem Vater den Thron Serbiens übergeben.

Spätestens seit jener Zeit war Aleksandars Lebensmotto geworden: Man hat immer eine zweite Chance!

Jetzt, hier in Marseille, wollte er sie auch wieder haben, diese zweite Chance.

„Los, gib sie mir!", schickte der König eine fordernde Bitte zum Himmel. „Ich will sie! Jetzt!"

Rundherum liefen Menschen entsetzt und in Panik durcheinander und einige rannten sogar auf den Attentäter zu, der weiterhin aus seiner Waffe feuerte. Ein französischer Offizier, der vor dem Wagen geritten war, machte rasch kehrt, in die Richtung, aus der er die Schüsse gehört hatte.

Es war eigenartig: Jede Sekunde, die seit den ersten Schüssen verstrichen war, kam Aleksandar vor wie eine Minute. Er konnte klar seine Gedanken fassen und reagieren.

Und doch schien etwas nicht zu stimmen: Es war beinahe so, wie er es einmal erlebt hatte, als in einem Kino ein Film zu langsam abgespielt worden war. Die Menschen hatten sich so unnatürlich gemächlich bewegt, wie das physikalisch eigentlich gar nicht möglich war, bedrohlich und dramatisch und zugleich komisch wirkte.

Wenn Aleksandar rief, schienen ihn die Menschen rundherum nicht zu hören. Er wiederum konnte seine Umgebung nicht hören. Alles, was er um sich herum beobachtete, ging vollkommen geräuschlos vor sich.

Er sah auf seine Uniform. Eine Kugel hatte die Jacke durchschlagen. Ob sie denn tödlich war? Wohl kaum; Aleksandar konnte deutlich erkennen, dass durch die Schüsse des Attentäters keine lebenswichtigen Organe getroffen worden sein konnten. Barthou dagegen, neben ihm, Barthou rührte sich nicht mehr. Er musste tot sein!

Der General und der Fahrer, die vorne saßen, dürften ebenfalls nur leichte Treffer abbekommen haben. Anscheinend waren Aleksandars unhörbare Gebetsrufe nach einer zweiten Chance erhört worden.

Erhört, wie auch damals, als ihm bewusst geworden war, dass er als Zweitgeborener nie auf den serbischen Thron kommen würde, weil sein älterer Bruder Georg immer vor ihm sein würde. Aber Georg war aufbrausend und jähzornig gewesen, das hatte jeder am Hof gewusst. So war für zwei von Aleksandars Unterstützer nicht allzu viel notwendig gewesen, Georg so weit zu provozieren, dass er sich schließlich dazu hatte hinreißen lassen, einen Hofbeamten öffentlich zu ermorden.

Was folgte, war vorhersehbar: Skandal, Aufregung, Kalmierung, polizeiliche und ärztliche Untersuchung und schließlich: ärztliche Atteste, in denen Georg für geisteskrank erklärt worden war. Damit war er zwar einer Bestrafung entkommen, doch als Thronfolger war er nun nicht mehr in Frage gekommen. Und – wer hätte das gedacht? – der Weg für Aleksandar war frei geworden!

Das war für ihn die Bestätigung seines Lebensmottos. Das Glück der Karađorđevićs umfasste auch ihn – er würde immer im Leben eine zweite Chance haben!

Viele hatten dem Königshaus damals vorgeworfen, die Atteste zur Geisteskrankheit Georgs so angeordnet zu haben, wie sie von den Ärzten ausgestellt wurden. Was für Kleingeister! Natürlich war das so gewesen, das war doch sonnenklar! Aber hätte denn ein Karađorđević in ein Gefängnis gehen sollen oder vielleicht gar hingerichtet werden? Die Gesetze galten für alle im Lande, aber das Entscheidende war immer noch, wer diese Gesetze machte!

Denn Gesetze unterwerfen sich der Macht.

Das war immer schon so, seit es Gesetze gab, seit den Römern, nein seit den Ägyptern oder Hammurabi und den Assyrern im alten Babylon, oder wer weiß, vielleicht sogar noch länger.

Diese Lektion des Lebens hatte er gut gelernt: Die Macht macht die Gesetze!

Dass er selbst mit Macht gut umzugehen wusste, auch wenn es um ganz große Ziele ging, hatte Aleksandar bald darauf unter Beweis gestellt.

Kurz nach seinem 25. Geburtstag hatte er mit Hilfe Russlands seinen Vater gezwungen, krankheitshalber zurückzutreten und ihm die Regierungsgeschäfte zu übertragen. Nach außen hin durfte sein Vater den Titel König von Serbien behalten, aber der Regent, der bestimmte, was geschah, war von nun an Aleksandar.

Eine seiner ersten Anordnungen war es gewesen, den militärischen Geheimdienstchef, Oberst Dimitrijević, mit einer extrem heiklen Mission zu beauftragen: Er sollte aus Rache für die Annexion Bosniens durch Österreich den österreichischen Thronfolger Franz Ferdinand ermorden lassen, als dieser Sarajevo besuchte. Aleksandar ließ mehrere Mördertrupps schicken, denn er wollte ganz sichergehen, dass der Anschlag nicht scheiterte. Im Gegensatz zu ihm jetzt hier in Marseille, sollte Franz Ferdinand keine zweite Chance erhalten.

Das galt im Übrigen auch für Oberst Dimitrijević. Der war nach dem erfolgreichen Attentat auf den Habsburger immer selbstbewusster aufgetreten. Zu selbstbewusst, musste man sagen, besonders ihm, dem Regenten gegenüber hatte er sich öfters einen Ton heraus genommen, der ihm einfach nicht zustand.

Vielleicht tat Dimitrijević das auch deshalb so, weil er es ja gewesen war, der vor über dreißig Jahren den Putsch organisiert hatte, welcher den Karađorđevićs den Thron zurück gebracht hatte und nun mit der Dankbarkeit Karađorđevićs rechnete. Aber das durfte so viele Jahre später keine Rolle mehr spielen! Sicher nicht!

Ganz besonders durfte es das nicht im Jahr 1917, als der Königshof wegen der Besetzung Serbiens durch Österreicher und Ungarn geflüchtet war und in Korfu eine Exilregierung gebildet hatte. Deshalb hatte Aleksandar den Oberst Dimitrijević kurzerhand wegen Verrats anklagen lassen und dafür gesorgt, dass er zügig hingerichtet worden war. Er sollte ruhig wissen, wie die Rache eines Königs aussah und dass es für ihn keine zweite Chance gab!

Leider hatte diese Rache ihren Preis gehabt, denn als nach dem Krieg das Königreich der Serben, Kroaten und Slowenen gegründet worden war, war er an sein erbarmungsloses Vorgehen von vielen Mächtigen in Europa immer wieder subtil erinnert worden. Deshalb war nicht er, sondern sein Vater als König Peter I. das erste Oberhaupt des neuen Staates geworden.

Aber Aleksandar hatte weiterhin an seine zweite Chance geglaubt und war geduldig geblieben. Tatsächlich: Nach kaum drei Jahren war der Vater gestorben und Aleksandar war unbestritten und unumschränkt König des Königreichs der Serben, Kroaten und Slowenen.

„Was wird aus dem Königreich denn werden, wenn ich das hier nicht überleben sollte?", fragte sich Aleksandar und drückte sich im Wagen nach unten, weil er sah, dass der Attentäter weiterhin in unwirklicher Langsamkeit auf den Wagen zulief und auf die Insassen schoss. „Peter ist mit seinen elf Jahren noch nicht alt genug, um Jugoslawien zu regieren."

In diesem Moment sah er, wie der Offizier – auch er bewegte sich wie alle Menschen ringsum eigenartig verzögert – auf dem Pferd den Attentäter erreichte und den Säbel gegen ihn hob.

Aleksandar redete sich Mut zu: „Ich habe dieses Königreich doch geschaffen! Ohne mein Zutun wären Slowenien und Kroatien eigene Staaten geworden! Montenegro hätte sich nach dem Sturz meines Schwiegervaters nie und nimmer freiwillig Serbien angeschlossen und Serbien hätte weiterhin keinen Zugang zum Mittelmeer gehabt! Mich darf man nicht ermorden wollen!"

Aleksandar sah, wie der Fahrer mit schleichenden Bewegungen aus dem Wagen sprang, den Attentäter an den Haaren zerrte und gegen den Wagen drückte. Gleichzeitig ertönten weitere Schüsse. Deutlich hörte Aleksandar auch Schüsse von hinten, dort wo seine Leibwache war.

Durch das Abbremsen nach den Schüssen war der Wagen gerade bei einem Kameramann zum Stehen gekommen, der reaktionsschnell die Kamera eingeschaltet hatte. Filmte der etwa den Attentäter?

Den Attentäter!

Mit solchen Kreaturen musste man immer und überall rechnen.

Einerseits gab es die Kommunisten, die Jugoslawien sogar als monarchofaschistische Diktatur bezeichneten. Aber die Kommunisten waren ohnehin schon verboten, dafür hatte er bereits gesorgt. Aber dann waren auch noch die Kroaten und die Mazedonier, die oft mit Terror gegen jugoslawische Einrichtungen vorgingen und dabei noch vom italienischen Geheimdienst unterstützt wurden.

Italien!

Italien und sein imperialistisches Großmachtstreben!

Dieser Mussolini würde Jugoslawien nie und nimmer annektieren können. Aber es schwächen, ja, das konnte er. Und das tat er, wo immer er konnte.

„Schießt ihn nieder, diesen Hund!", schrie Aleksandar seiner Leibwache tonlos zu und dachte dabei sowohl an den Attentäter, als auch an Mussolini. Gleichzeitig versuchte er, weiter nach unten zu rutschen, um für den Attentäter weniger sichtbar zu sein. „Schießt ihn nieder, damit diese Ustascha-Leute sehen, wie es ihnen ergeht, wenn sie sich gegen den König erheben! Gebt diesem Verbrecher keine Chance!"

Die Ustascha, diese kroatische Bewegung, die zum Umsturz in Jugoslawien aufgerufen hatte, musste ausgerottet werden, selbst wenn ihre Anführer im Exil in Italien lebten! An ihr würde er nach diesem Vorfall ein Exempel statuieren und fürchterliche Rache nehmen!

Kroaten und Slowenen hatten Aleksandar vorgeworfen, aus dem Königreich der Serben, Kroaten und Slowenen ein zentralistisches Königreich Jugoslawien gemacht zu haben, in dem überall die Serben den Ton angaben.

Sie hatten ihm auch vorgeworfen, politische Spannungen zu schüren. Lächerlich! Als ob die Politiker der traditionellen Parteien sich in den ersten Jahren des neuen Königreichs als fähig erwiesen hätten, das Land unter seiner Anleitung zu regieren! Oder als ob er diesen einen, aus Montenegro stammenden, serbischen Abgeordneten ermutigt hätte, den Vorsitzenden der kroatischen Bauernpartei im Parlament zu erschießen!

Nein, nein, das hatten sie sich schon alle selbst zu verdanken, sich selbst und ihrem engstirnigen Denken! Nach solchen Vorfällen beleidigt zu reagieren und auf Schwächen in seinem System hinzuweisen, zeigte von politischer Unfähigkeit der handelnden Personen!

Er dagegen war um das Ganze bemüht, um ein Königreich der Südslawen. Ja selbstverständlich sollten darin die Serben den Takt vorgeben, denn sie waren es doch gewesen, die seinerzeit am Amselfeld ihr Leben im Kampf gegen die Türken gelassen hatten! Und nicht zu vergessen: Das mächtige Russland hatte Serbien im Krieg gegen Österreich-Ungarn unterstützt. Serbien, nicht Kroatien oder Slowenien oder gar Mazedonien!

Aus diesen historischen Gründen war es sein Ziel und sein moralisches Recht, ja sogar seine ihm auferlegte Pflicht, ein einheitliches Königreich zu schaffen, das nach serbischen Mustern funktionierte. Deshalb hatte er vor wenigen Jahren den Staat neu organisiert. Sollten das seine Kritiker ruhig „Königsdiktatur" nennen – von nun an hatte es keine Serben, Kroaten oder Slowenen mehr gegeben, sondern ausschließlich gleich gestellte Jugoslawen. Jugoslawen, die sich an Belgrad orientierten, genau genommen.

Mit viel Geschick hatte er das ganze Land in neue Verwaltungsbezirke geteilt. Die Grenzen dieser Banschaften waren so gezogen, dass beinahe in allen von ihnen die Serben die Mehrheit stellten. So konnte er seine demokratische Einstellung jederzeit beweisen, denn schlimmstenfalls würde er eine Banschaft nach der anderen abstimmen lassen und dann durch die jeweiligen Mehrheiten bestätigt werden.

Ja, mit Macht und mit Gesetzen, damit kannte er sich wirklich aus!

Mit dieser Verwaltungsreform hatte er dem jungen Staat nach den Wirren des Königreichs der Serben, Kroaten und Slowenen eine zweite Chance gegeben. Diese galt es nun zu nützen, selbst wenn das Gegner als verbrecherischen Putsch durch den König bezeichnet hatten!

Ein Putsch durch den König!

Verbrecherisch noch dazu!

Lächerlich!

Er hatte ein Reich geschaffen! Ein Königreich: Jugoslawien!

Doch heute und hier, in Marseille, versuchte irgendein verwirrter Kretin ein Attentat auf ihn!

Das, ja das war verbrecherisch! Nicht sein Putsch, wie seine Gegner das nannten!

Aleksandar sah weiterhin alles wie in einer Zeitlupe.

Er sah, wie der Attentäter vom Fahrer gegen den Wagen gedrückt und festgehalten wurde. Er sah, wie gleichzeitig der Offizier mit dem Säbel dem immer noch schießenden Attentäter eine tiefe klaffende Wunde schlug, aus der das Blut langsam in weitem Bogen spritzte. Und er sah, wie gleich danach viele Menschen, die gerade noch panisch und schreiend durcheinander gelaufen waren, beim Attentäter anlangten und auf ihn eintraten und einschlugen.

„Das darf er nicht überleben! Ja, tötet ihn, diesen Bastard! Gebt ihm keine Chance!", drang es unhörbar aus Aleksandars Mund.

In diesem Moment spürte er in seinem Oberkörper eine Kugel, die von hinten eingedrungen war. Er fühlte, wie sie seine Herzkammer durchstieß und sein Herz versuchte, trotz des Druckabfalls weiter zu pumpen. Er sah die Kugel vorne aus der Uniformbluse austreten und merkte, wie sein Herz langsamer schlug, immer langsamer, und wie es stockte.

„Herrgott! Hat denn da einer von der Leibwache …?

Was ist mit meiner zweiten …"

KYRILL

22. APRIL 1944

Ungeduldig und ängstlich saß Kyrill nach dem Spätabendlob im Dunkeln in seinem Zimmer und wartete. Als es endlich an der Tür klopfte, öffnete er rasch die Türe, schaute vorsichtig nach links und rechts, ob auch niemand das Haus beobachtete und bedeutete SS-Standartenführer Böttger hastig, einzutreten.

Wenn einer der Partisanen im Ort gesehen hätte, wer sich da heimlich um diese Zeit mit dem Priester in dessen Haus traf, dann müsste sich Kyrill keine Gedanken mehr machen, wie es nach dem Abzug der Deutschen für ihn weitergehen würde. Denn diesen Abzug würde er nicht mehr erleben.

„Hristos voskrese!", entbot Kyrill den traditionellen Ostergruß, nachdem er die Türe geschlossen und das Licht aufgedreht hatte. „Christus ist auferstanden!"

Böttger kannte den zweiten Teil des Grußes und antwortete statt mit einem „Heil Hitler" mit „Vaistinu voskrese! Er ist wahrlich auferstanden!" Dann sagte er ungeduldig: „Wo ist sie?"

Kyrill nahm die in ein Tuch eingeschlagene Ikone hinter dem Bett hervor und gab sie Böttger.

Die Ikone.

Nicht irgendeine Ikone!

Nein, die schönste und wertvollste aller Ikonen seiner Kirche, die 600 Jahre alte Ikone der allerheiligsten Gottesmutter! Sie war das Herzstück des Schatzes seiner Kirche, das nur an Marienfeiertagen zum Gebet und zur Verehrung hervor geholt wurde.

Wie gesagt, zum Gebet und zur Verehrung, nicht etwa zum Anbeten wie einen Götzen, wie viele Unwissende glaubten. Ikonen waren für Kyrill das Evangelium in Farben, sie waren eine Glaubenslehre für die Augen, durch deren Verehrung und durch deren Küssen man seine Bewunderung für die abgebildeten Engel oder Heiligen zeigen konnte.

Und ausgerechnet die heiligste aller Ikonen seiner Kirche gab er nun jemandem, der sie wie einen Götzen behandeln würde. Jemandem, der Ikonen nicht verehrte, weil er ja den Geist der Heiligen Schrift gar nicht kannte. Jemandem, der Ikonen nach ihrem künstlerischen Wert beurteilte und sie wie das Werk eines ganz normalen Malers behandeln würde. Jemandem, der das Holz und die Farben darauf mehr schätzte, als den Ausdruck der Verehrung und Liebe, der durch die Ikone für die heilige Gottesmutter dargebracht wurde.

Kyrill fühlte sich elend und niederträchtig.

„Wunderbar", entfuhr es Böttger, als er das ausgewickelte Marienbildnis in der Hand hielt. „Wunderbar! Man sieht es ihr nicht an, dass sie schon so alt ist. Sie ist wirklich noch aus der Zeit der Nemanjicis?"

„Ja", antwortete Kyrill mit leichtem Stolz. „Viele Ikonen sind nach der Methode der heiligen Ikonenmaler aus dieser Zeit entstanden, aber es gibt nur ganz wenige Originale. Und diese hier ist eine davon."

Böttger streichelte zärtlich über die Farben auf dem Holz. Traurig, unglücklich und in sein Schicksal ergeben beobachtete Kyrill ihn dabei. Verzweifelte Gedanken kreisten in seinem Kopf und wiesen ihm keinen Ausweg.

Was hatte sich nicht schon alles zugetragen auf dieser Welt, seitdem diese Ikone geschaffen worden war! Und wie verworren waren besonders die letzten Jahre, so verworren, dass er als Priester keinen anderen Ausweg für sich mehr sah, als den heiligsten Gegenstand seiner Kirche einem Götzenanbeter zu verkaufen!

Vor drei Jahren hatten die Italiener und die Deutschen das Königreich Jugoslawien aufgelöst und unter sich aufgeteilt. Die Italiener hatten einen unabhängigen Staat Montenegro ausrufen lassen, der aber in Wahrheit nur ein Vasallenstaat war und von einem italienhörigen Nationalkomitee verwaltet wurde. In und um Montenegro gab es eine unvorstellbare Unsicherheit und ein Durcheinander durch viele Gruppierungen, die – neben den offiziellen Armeen – teilweise gegeneinander kämpften und dann wieder Seite an Seite. Da waren verschiedene Widerstandsgruppen. Da gab es die serbischen Tschetniks und die kroatischen Ustaschas. Da kämpften die Kommunisten und die Monarchisten, die Antifaschisten und die pro-serbischen Gruppen, die Partisanen und die Nationalisten, die bosnischen Muslime und die kroatischen, serbischen und montenegrinischen Kollaborateure. Sie alle hatten einmal kürzer, einmal länger, da oder dort die Kontrolle über ein Gebiet und so mancher Kommandeur führte zum Teil auf eigene Faust Krieg. Sie zogen durchs Land, verwüsteten, plünderten, mordeten und brandschatzten, so dass jeder normale Mensch sich verzweifelt nach Sicherheit und Stabilität sehnte.

Das Ganze hatte nochmals eine Steigerung erhalten, als vor etwa einem halben Jahr das italienische Mussolini-Regime kapituliert hatte und die Italiener während des Krieges die Fronten wechselten. Die deutschen Truppen waren zwar hier in Montenegro rasch an die Stelle der Italiener getreten, aber in kurzer Zeit waren Unmengen italienischer Waffen in die Hände der Partisanen und der anderen Gruppierungen gelangt.

In diesem Durcheinander war es für einen Priester, der seine Gemeinde betreuen wollte, kaum möglich, seine Arbeit im Sinne Gottes zu verrichten. Denn er stand im Mittelpunkt des Ortes und deshalb forderte jede Gruppierung und jede Autorität im Lande, dass er sich zu ihr bekannte und offen an ihre Seite stellte. Aber wie sollte das gehen? Wen sollte er denn unterstützen? Waren nicht alle im Grunde bei ihrem Vorgehen sehr ähnlich und bestenfalls durch weltanschauliche Dinge unterscheidbar?

Deshalb hatte Kyrill Trost und Rat in der Heiligen Schrift gesucht. Gefunden hatte er ihn, als er die Stelle gelesen hatte, wo Christus sagte: „So gebt dem Kaiser, was des Kaisers ist, und Gott, was Gottes ist".

Diese Stelle in der Heiligen Schrift war für ihn ein Appell, jede weltliche Obrigkeit zu akzeptieren, auch wenn er ihre Aktionen und ihre Einstellung nicht teilte, denn hier stand keine Einschränkung wie: „So gebt dem Kaiser, was des Kaisers ist, sofern er gerecht ist ...". Deshalb hatte sich Kyrill zur Zusammenarbeit mit den italienischen und später den deutschen Besatzern entschieden. Das war ihm von vielen seiner Landsleute sehr übel genommen worden und sie hatten ihm und seiner Familie für „die Zeit danach" einiges Unheil angedroht.

Um dem zu entgehen, war er jetzt gezwungen, einige der Ikonen der Kirche zu verkaufen. Zwei andere hatte er in den vergangenen Monaten schon an Böttger übergeben und dafür etwas Geld erhalten. Aber dass er sich nun an der heiligsten aller Ikonen der Kirche vergreifen musste, das war selbst in diesen harten Zeiten eine extrem schwierige Prüfung für ihn.

Andererseits: Wenn er und seine Familie auch nach dem Abzug der Deutschen, der wohl irgendwann kommen würde, überleben wollten, dann musste er danach trachten, die Ikonen zu Geld zu machen, solange er noch Gelegenheit dazu hatte.

Wenn die Deutschen sich vom Balkan zurückziehen mussten, weil sie von den Alliierten, den vielen militärischen und paramilitärischen Gruppierungen und jetzt auch noch von den Italienern angegriffen wurden, dann war es um die Sicherheit Kyrills und seiner Familie blitzartig sehr schlecht bestellt. Man würde ihn im günstigeren Fall noch der Kollaboration mit den Deutschen anklagen und verurteilen. Im weniger günstigen Fall würden seine Landsleute vermutlich nicht einmal davor zurückschrecken, einen Priester wie ihn zu lynchen. Dem musste er zuvor kommen und rechtzeitig das Land verlassen. Und dazu wiederum brauchte er dringend Geld. Geld, das er als Priester aber nicht hatte. Es war eine schier ausweglose Situation, in die er sich und seine Familie manövriert hatte.

Deshalb hatte er sich entschieden, dem Drängen Böttgers nachzugeben und ihm einige Ikonen zu verkaufen.

Natürlich war es sein persönlicher Entschluss gewesen. Doch Gott wusste sicher, wie schwer ihm das gefallen war.

Gott!

Gott war die Liebe, die uneigennützige Liebe, die in der Ewigkeit bestehende Liebe.

Aber wie konnte ein liebender Gott denn solche Dinge zulassen, wie sie überall in Europa, und hier auch im ehemaligen Jugoslawien, passiert waren? Die Vernichtung so vieler tausender Juden und Roma in den unzähligen Konzentrationslagern, so wie im KZ Sajmište und im KZ Banjica und in all den kleineren Lagern!

Wieso erlaubte es Gott, dass Menschen anderen Menschen so etwas antun durften?

Noch weiter: Wieso durften Menschen überhaupt nur daran denken, anderen Menschen so etwas anzutun?

Es waren doch alle Menschen! Die Mörder wie ihre Opfer! Doch was waren schon die Menschen?

Die Krone und das Schmuckstück der Schöpfungsgeschichte, so wie es in der Heiligen Schrift stand?

Schwer zu glauben, sogar für einen orthodoxen Priester!

Selbst wenn man dem Alten Testament folgte und annahm, dass Gott den Menschen mit seinem Ebenbild begnadet und ihm die Macht des ewigen Lebens geschenkt hatte: Hatte er ihn denn wirklich aus einer vernunftvollen Seele und einem wunderschönen Körper geschaffen, damit der Körper dieser Seele dienen konnte und beide ein Tempel der lebensschöpfenden Dreifaltigkeit wurden?

Konnte es denn sein, dass das Alte Testament in diesem Punkt ein wenig unvollständig war?

Obwohl, natürlich: Auch das Alte Testament berichtete schon von Mord und Totschlag ganz zu Beginn der Menschheitsgeschichte. Kain hatte ja aus Neid seinen Bruder Abel ermordet. So war es jetzt ja auch: Der Neid war der Hauptgrund der Kriege, die in den letzten vierzig, fünfzig Jahren am Balkan getobt hatten. Der Neid auf Land, auf Reichtum, auf Besitz. Und damit war der Neid indirekt auch der Hauptgrund für die vielen Morde, die da begangen wurden. Genau genommen waren das ja sogar alles Brudermorde, weil alle Menschen auf dieser Welt Brüder und Schwestern waren.

Mord war also vorgesehen in der Heiligen Schrift. Er war nichts Undenkbares, obwohl das sechste Gebot das Töten anderer Menschen verbot.

Wenn aber das sechste Gebot zwar ergangen war, Mord aber dennoch in der Bibel genannt wurde und einem bereuenden Mörder sogar verziehen wurde, um wie viel mehr musste es denn dann erlaubt sein, bloß dem siebenten Gebot zuwider zu handeln: Du sollst nicht stehlen!

Dem siebenten Gebot, bei dessen Übertretung niemand ums Leben gebracht wurde, sondern man sich nur etwas unrechtmäßig aneignete. Kyrill machte das mit dem Diebstahl und Verkauf der Ikonen ja nicht gerne, sondern weil er dazu gezwungen war, wenn er sein Leben und das seiner Familie erhalten wollte!

Außerdem war ihm dieser Weg vom Himmel aufgezeigt worden!

Damals, als die Italiener abgezogen waren, damals war er so verzweifelt gewesen, weil er nicht gewusst hatte, wie es nun für ihn weitergehen konnte. Er hatte die Drohungen seiner Landsleute nicht vergessen und war froh gewesen, als die Deutschen das Land besetzt hatten. Die würden ihn nun schützen, soviel wusste er.

Aber danach?

Was würde geschehen, wenn die Deutschen weg sein würden?

Verzweifelt hatte er, wie immer in schwierigen Situationen, zu seinem Namenspatron Cyrill um Hilfe gebetet. Er hatte die Ikone des Heiligen geküsst und ihm seine Sorgen mitgeteilt. Dann hatte er ihn um Rat gebeten, wie er einem Lynchmord oder einer Verfolgung entkommen könnte, wenn er nicht länger den Schutz einer Besatzungsmacht genießen würde. Es war ein inbrünstiges, hoffendes und tief gläubiges Gebet zu Cyrill gewesen, das er da geführt hatte.

Dieses sein Gebet war erhört worden, denn Cyrill selbst hatte ihm einen Weg aufgezeigt:

Kyrill hatte tief ins Gebet versunken vor dessen Ikone gestanden. Sie zeigte den Heiligen, als er gerade die kyrillische Schrift schuf. Denn seine Aufgabe war es, gemeinsam mit Methodius die Slawen zu bekehren, der deshalb die Heilige Schrift in die altslawische Sprache übersetzen wollte. Das funktionierte aber nicht so ganz, denn viele der slawischen Laute waren durch die lateinischen Buchstaben nicht abbildbar. Und deshalb musste Cyrill einen ungewöhnlichen Weg wählen: durch die Schaffung einer eigenen Schrift. Dass er später dafür von den katholischen Priestern verfolgt wurde und wie Methodius sein Leben lassen musste, hatte ihn zum Heiligen gemacht. Ein solcher wollte Kyrill ja gar nicht werden. Aber er wollte einen Hinweis, wie er der Rache seiner Landsleute für die Zusammenarbeit mit den Besatzern entkommen könnte.

Gut zwei Stunden war Kyrill vor der Ikone gestanden und in ihrer Darstellung versunken. Endlich hatte er eine Botschaft vernommen, aber er wusste damit nichts anzufangen. Er hatte nämlich erkannt, dass er so wie sein Namenspatron in einer scheinbar ausweglosen Situation einen außergewöhnlichen Weg nehmen musste. Doch welcher Weg konnte das sein? Die Antwort, die ihm Cyrill gegeben hatte, hatte er aber erst nach einigen Wochen verstanden.

Denn am nächsten Tag hatten die Deutschen das von den Italienern hinterlassene Vakuum aufgefüllt und ganz Montenegro unter ihre Kontrolle gebracht. Bald darauf war der SS-Standartenführer Böttger bei Kyrill erschienen. Der hatte sich – für einen SS-Mann sehr ungewöhnlich – eingehend für die Kirche und die Ikonen interessiert.

Böttger war in den nächsten Tagen immer wieder zur Kirche gekommen. Das hatte Kyrill verunsichert, denn Böttger war sicherlich kein Mitglied der orthodoxen Kirche. Auch für militärstrategische Vorhaben musste die schwer zu verteidigende Kirche völlig ungeeignet sein. Allenfalls hätte sie noch als Versteck für Untergrundkämpfer und Regimegegner herhalten können, aber dagegen hatte sich Kyrill unter Berufung auf das Bibelwort vom Kaiser und was ihm zu geben war, streng verwehrt.

So war er überrascht, als Böttger nach einigen Wochen sein Interesse bekundete, ohne Wissen des Bischofs einige Ikonen privat zu erwerben und dafür tatsächlich eine Art Kaufpreis an Kyrill zahlen wollte. Er hätte die Ikonen zwar auch einfach mitnehmen können – dagegen hätte man wohl wenig tun können. Aber vermutlich wollte Böttger mit dieser Vorgehensweise ein zu großes Bekanntwerden der Angelegenheit verhindern.

Als Böttger ihm das freundlich dargelegt hatte, hatte Kyrill blitzartig diesen Hinweis seines Namenspatrons verstanden, den er die ganze Zeit gesucht hatte: der Hinweis, wie dieser ungewöhnliche Weg aussehen könnte. Und es war auch der Moment gewesen, in dem ihm klar geworden war, dass sich Gott ihm gegenüber letztlich doch nicht als strafender, sondern als ein liebender Gott erwiesen hatte.

Ja, als liebender Gott, selbst wenn er ihm die Rettung durch einen Teufel wie diesen SS-Mann geschickt hatte. Gott nahm wohl auch mitunter ungewöhnliche Wege, um den Seinen zu helfen!

Doch sollte die Rettung ausgerechnet durch den Teufel erfolgen?

Wieso Teufel?

Wer war das denn, der Teufel?

Natürlich, der Teufel war der Vater der Lüge und des Betrugs. Seit urdenklichen Zeiten war er niemand anderer als der ehemalige Erzengel Luzifer, der sich gegen Gott aufgelehnt hatte und diesem gleich sein wollte. Seither war der Wille des Teufels die Quelle jeglichen Übels, mit dem er einige ehemalige Engel vergiftet hatte und danach auch Adam und Eva und deren Abkömmlinge. Viele Menschen waren wahre Teufel, und man musste ihren Versuchungen entsagen, um das ewige Leben zu erlangen.

Ja, viele Menschen waren Teufel, ganz besonders die Faschisten und Nationalsozialisten, und unter ihnen besonders die SS-Leute, das stand für Kyrill fest, trotz seiner Loyalität zur Obrigkeit.

Das schuf für ihn ein Dilemma: Durfte er die Rettung durch einen Teufel annehmen? Müsste er nicht diese Versuchung von sich weisen, um ein reines Herz zu bewahren?

Andererseits: Waren ihm nicht die Lösung und der Weg von Gott aufgezeigt worden? Also natürlich nicht direkt von Gott, aber eben vermittelt durch Cyrill und dessen Darstellung beim Entwickeln der kyrillischen Schrift. Cyrill war ja von den katholischen Priestern beschuldigt worden, mit dieser neuen Schrift ein Teufelswerk zu schaffen. In deren Augen war es wohl tatsächlich Teufelswerk. Das bedeutete doch aber, dass die Frage, ob etwas Teufelswerk oder Gottesgeschenk war, von der Situation des Beurteilenden abhing!

Für ihn bedeutete das, dass er sich auch des Teufels in Form dieses Deutschen bedienen durfte, um aus seiner auswegslos scheinenden Situation zu entkommen, oder etwa nicht?

So hatte Kyrill die Botschaft verstanden und in den vergangenen Monaten mehrere Ikonen an Böttger verkauft.

Heute aber sollte er ihm die wertvollste aller Ikonen übergeben.

War das nicht ein ungeheurer Vertrauensbruch der Kirche, die ihm die Ikonen anvertraut hatte?

War das gar schon ein Verrat?

Nein, sicher nicht!

Kyrill hatte diese Situation ja nicht angestrebt, weder aus Neid noch aus einem sonstigen Hauptlaster: Völlerei, Geiz, Trägheit, Zorn, Wollust. Im Gegenteil: Er war ja erst in diese Lage gekommen, weil er sich an das gehalten hatte, was in der Heiligen Schrift stand: Er hatte die weltliche Obrigkeit akzeptiert und sich dadurch den Hass und die Feindschaft seiner Mitbürger eingehandelt. Das konnte man doch nicht als Verrat bezeichnen!

Verrat war in der Heiligen Schrift mehrfach genannt. Das bekannteste Beispiel war Judas, der Jesus an die Römer verraten hatte, um dafür seine Silberlinge zu erhalten. Judas hatte danach verzweifelt Selbstmord begangen und sich selbst damit endgültig von der Teilnahme am ewigen Leben ausgeschlossen. Verrat wurde bestraft, auch wenn Judas sich in seiner geistigen Verwirrtheit und durch seinen schwachen Glauben erst zu diesem Verrat hinreißen hatte lassen.

Andererseits: Hatte nicht auch Petrus Jesus in nur einer Nacht drei Mal verraten, als er gefragt worden war, ob er nicht zu den Jüngern Jesu gehöre? Ihm war doch nichts passiert. Im Gegenteil: Jesus hatte ihn nach seiner Auferstehung mit der Würde des Apostels bestätigt und so war Petrus sein erster Nachfolger geworden. Aber Petrus hatte nach seinem dreifachen Verrat bereut und geweint.

Das also war es, das Bereuen!

Das musste den Unterschied ausmachen, egal ob man sein Verhalten als Verrat beurteilen würde oder nicht!

Das Geheimnis lag im Bereuen!

Judas hatte nicht bereut, Petrus aber schon. Und deshalb war Judas bestraft worden, während Petrus als reuiger Sünder wieder aufgenommen worden war. Denn Jesus hatte durch seinen Kreuzestod die Sünden der Menschen auf sich genommen und gesühnt und alle reuigen Sünder von ihren Sünden befreit!

Das war gerade jetzt zu Ostern eine klare Botschaft für Kyrill! Es gab keinen Grund, ein belastetes Gewissen zu haben oder an der Situation zu verzweifeln! Er wusste, er würde nun zum letzten Mal eine der Ikonen seiner Kirche verkaufen und sich dann mit seiner Familie und dem Geld aus Montenegro absetzen.

Er wusste, er musste irgendwo in Deutschland seine neue Heimat suchen und gemeinsam mit seiner Familie von vorne beginnen.

Und dort musste er dann nur noch bereuen.

Dafür war dann immer noch Zeit!

Vuk

11. Jänner 1964

Vuk starrte äußerlich gleichgültig und abwesend, innerlich aber vor sich hin leidend durch die Fensterscheiben der Schulklasse. An diesen hatte der Regen, den die Bora in der Vorwoche gegen sie geschleudert hatte, mit dem Staub der vergangenen Monate abstrakte Bilder gemalt. Wenn man genau hin sah, konnte man darin viele Figuren, Gesichter, Tiere und Drachen erkennen.

Durch die Scheiben, etwa einen halben Kilometer von der Schule entfernt, konnte Vuk die Tribüne des Fußballplatzes ausnehmen. Ab und zu drang undeutlich Lärm aus tausend Kehlen zu ihm, der ihn faszinierte. Vuk versuchte dann, am Klang, an der Lautstärke, an der Dauer und an der Art des Geschreis zu erahnen, was gerade auf dem Fußballfeld passierte. Was immer es sein mochte, und selbst wenn Vuk es nur ahnen konnte, war wesentlich spannender als der monotone Vortrag hier im Klassenzimmer.

„... immer vor Augen halten, dass Jugoslawien es niemals nötig hatte, sich irgendwelchen Direktiven aus Moskau zu unterwerfen. Selbst von der Besetzung durch das nationalsozialistische Deutschland konnte sich unser Land durch die alleinige Kraft unserer kommunistischen Partisanen unter der Führung unseres geliebten Marschalls Josip Broz Tito befreien, ohne auf die Hilfe der Roten Armee zurückgreifen zu müssen. Aus diesem Grund war es nur konsequent, dass die Kommunistische Partei Jugoslawiens aus dem Kominform, dem Informationsbund der Kommunistischen und Arbeiterparteien, austrat. Der Austritt aus dieser Organisation, dessen

Sitz sogar in Belgrad gewesen war, erfolgte, sobald erkennbar war, dass der Sowjetkommunismus mittlerweile eine Entartung der Marx'schen Lehre geworden war und ..."

Verdammt!

Es war Samstagnachmittag und er musste hier in der Schule mit zehn anderen diesem Parteimenschen zuhören, anstatt drüben das Freundschaftsspiel zwischen Cetinje und Bijelo Polje zu sehen!

Samstagnachmittag!

Das war grausam!

Bloß, weil sie ein paar brauchten, um dem langweiligen Typen da vorne zuzuhören, mussten heute alle, die sie gestern Abend erwischt hatten, hier herinnen sitzen!

Als ob das irgendwen auch nur annähernd interessieren könnte, was der da so daher schwafelte! „Die Vorbildwirkung des Kommunismus und der eigenständige Weg Jugoslawiens" – schon der Titel war genauso öd wie der Vortrag! Da wäre es ja noch interessanter, hundert Weizenkörner der Größe nach zu ordnen!

Dazu kam, dass zu Hause ja auch noch einige Strafen auf die meisten der anderen warteten. So mancher würde in den nächsten Tagen mit einer Menge blauer Flecken in die Schule kommen. Eine solche Bestrafung war ungerecht: Hiebe zu Hause und hier vier Stunden lang nachsitzen zu müssen und vor Langeweile beinahe zu sterben. Und noch dazu das Fußballspiel nicht sehen zu dürfen!

Vuk fröstelte leicht. Es war heute gar nicht mehr so eisig wie noch vor einer Woche. Trotzdem schien es draußen nur wenig kälter als hier im Raum zu sein. Zum Glück hatte er sich diesmal erinnert, was seine Mutter immer gesagt hatte und die gestrickten Fäustlinge angezogen. Die halfen ihm nun, dass wenigstens seine Finger halbwegs warm blieben.

Komisch eigentlich! Hier in der Schule war es sicher wärmer als draußen und trotzdem fror er draußen weniger als herinnen! Wie konnte das sein? War das nicht gegen jede Logik?

Keine Ahnung! Wer könnte das wissen? Sein Vater? Eher kaum, denn was wusste der schon vom Leben? Der war zwar Arzt, aber hatte er keine Ahnung! Boris könnte es vielleicht wissen, aber der saß dort drüben und den konnte er jetzt auch nicht fragen, ohne gleich wieder aufzufallen. Später würde er ihn fragen, wenn sie ihre Strafe abgesessen hatten. Aber bis dahin war es noch ewig ...

„... ließ sich unser Land nicht erpressen, als es durch die perfiden Machenschaften der stalinistischen Sowjetunion politisch und wirtschaftlich in die Isolation getrieben werden sollte. Die jugoslawische Staatsführung unter unserem geliebten Marschall Josip Broz Tito vermied eine Krisensituation, indem sie anordnete, dass unverzüglich Beratungen zwischen Unternehmensleitungen, ehemaligen Widerstandskämpfern und den besten Arbeitern der Betriebe erfolgen sollten. In Folge dieser Maßnahmen wurden anfangs in 215 Betrieben Arbeiterräte installiert. Wegen des unwiderlegbaren Erfolgs, der dadurch erreicht wurde, wurden solche Arbeiterräte bis 1953 in allen Betrieben vorgeschrieben. Die Arbeit, die diese ..."

Sowjetunion?

Das waren doch die Feinde, die eigentlich Freunde hätten sein sollen. Zumindest hatte Mitke das so gesagt, und der musste es ja wissen, weil sein Vater war irgendein Tier bei der Partei. Komisch eigentlich, dass Freunde auch Feinde waren und umgekehrt!

Das war in der Schule anders. Da waren fast alle Freunde. Nur wenige waren Feinde, und die wurden dafür regelmäßig verprügelt. Dagegen waren die von der anderen Schule, der gleich beim See, beinahe alle Feinde. Nur einige wenige von dort waren Vuk egal, und Freunde gab es dort überhaupt keine. Wie hätte das auch sein können? Manchmal, ganz selten, kam es vor, dass jemand von ihrer Schule verwiesen wurde. Der musste dann in die Schule beim See gehen. Und damit war er auch gleich ein Feind geworden. Logisch, irgendwie, wenn auch schade!

Wie war das bei Vater und Mutter?

Waren die Freunde oder Feinde?

Jetzt, seit der Scheidung, redeten sie nichts mehr miteinander. Vorher hatten sie ständig gestritten. Meistens wegen Vuk, so hatten sie es ihm vorgehalten. Aber das war gar nicht wahr!

Bei diesen Streitereien hatten sie sich überhaupt nicht um die Worte gekümmert, die sie dabei verwendeten. Wenn Vuk so geredet hätte, würde er bestraft. Aber sie hatten es immer wieder getan, bei jedem Streit. Das war ungerecht! Wer machte solche Regeln?

Überhaupt: Regeln!

Wozu waren Regeln eigentlich gut?

Und wieso waren sie immer ungerecht und gegen die Kinder gerichtet?

Wieso durften die Erwachsenen Rakija trinken und ihnen verboten sie ihn? Wieso durften Erwachsene Worte verwenden, für die sie ihre Kinder bestraften? Wieso durften Erwachsene rauchen und ihren Kindern sagten sie, dass das schlecht für ihre Gesundheit sei?

Wieso?

Und wieso mussten sie jetzt da sitzen und dem Parteitypen zuhören? Wieso durften sie nicht wie alle anderen am Samstagnachmittag das Fußballspiel sehen?

Wieso?

„... es zu einer Arbeiterselbstverwaltung, bei der die Beschäftigten den Direktor wählen. Außerdem haben die Beschäftigten innerhalb gewisser Grenzen, mit denen die Ausplünderung des Betriebs verhindert wird, Einfluss auf Entscheidungsbefugnisse über Investitionen, Löhne und Produktionsplanung. Die Arbeiterselbstverwaltung, oder „Zusammengesetzte Organisation der vereinigten Arbeit", wie sie offiziell heißt, ist Teil der dritten Verfassung, die im vergangenen Jahr verabschiedet wurde. Sie bedeutet eine entschiedene Abwendung vom sowjetischen Zentralismus, da damit Kompetenzen von der Bundesebene auf die sechs jugoslawischen Republiken übertragen wurden, welche damit …"

Sechs jugoslawische Republiken!

Gab es Jugoslawien jetzt sechs Mal? Sicher nicht, das hätte ihnen ihr Lehrer sonst schon gesagt. Aber was meinte der da vorne dann mit sechs Republiken?

Und dann: was meinte der mit „Verfassung"? War Jugoslawien etwa nicht in einer guten Verfassung? Oder meinte der damit die Arbeiter? Waren die in einer guten Verfassung? Oder in einer dritten Verfassung? Was sollte das mit dieser „dritten Verfassung"? Ob das mit den drei Steigerungsformen zu tun hatte, die sie vorige Woche im Sprachunterricht gelernt hatten: „gut"-„besser"-„am besten"? Ja, das musste es sein! Der da vorne behauptete also, dass es den Arbeitern in Jugoslawien am besten ging. Wahrscheinlich am besten von allen auf der Welt. Na gut, wenigstens das machte Sinn. Wieso auch nicht?

Ob es den Ärzten auch am besten ging?

Sein Vater war Arzt. Genau genommen Chirurg. Ob es bei den Berufen auch „gut"-„besser"-„am besten" gab? Chirurg war sicher ein „Am-besten-Beruf", denn er machte ja so etwas Ähnliches wie der Fleischhauer, und der sagte immer, dass es nichts Besseres gäbe als seinen Beruf.

Obwohl, gestern war Vuks Vater ganz blass nach Hause gekommen und hatte erzählt, dass er bei einer Operation dem Patienten eine nicht abgebundene Ader durchschnitten hatte. Der Anästhesist hatte es zum Glück bemerkt und die Ader schnell abgeklemmt, sonst wäre der Patient verblutet. Jetzt hatte sein Vater Angst, dass er im Krankenhaus Probleme bekommen könnte. Zum Glück war er in der Partei, hatte er noch hinzugefügt. Aber gut hatte er dabei nicht gewirkt. Vielleicht war Chirurg doch kein „Am-besten-Beruf"?

Vuk mochte es nicht, wenn sein Vater verunsichert wirkte. Deshalb war er aus dem Fenster geklettert und hatte sich heimlich mit den anderen getroffen.

Vater.

Vater war in letzter Zeit oft ein wenig komisch. Vielleicht war das wegen Mutter. Die war erst vor wenigen Monaten ausgezogen. Und die neue Frau, die Vater bald darauf zu Besuch mitgebracht hatte, war ziemlich eigenartig. Die benahm sich, als wäre sie hier zu Hause. Sie kommandierte mit ihm und mit Vater noch mehr herum als Mutter. Sie machte ihm sogar Vorhaltungen, dass er mit seinen fünfzig Jahren immer noch gewöhnlicher Chirurg war und nicht einmal Oberarzt.

Vuk war froh, wenn sie nicht da war. An diesen Tagen traf sie sich mit ihren Freunden, so sagte zumindest die Mutter von Boris. Und dabei verdrehte sie die Augen und fügte noch hinzu: „Das war ja nicht schicklich, sich noch mit anderen zu treffen, ganz und gar nicht!"

Obwohl, wieso eigentlich?

Vuk traf sich ja auch nicht nur mit Boris und Mitke, sondern zusätzlich mit anderen Freunden. So wie gestern eben. Was war da schlecht daran? Ob man ihm das auch heimlich übel nahm?

Erwachsene waren manchmal ganz schön … also, so richtig … eigenartig. Nein, nicht eigenartig … komisch vielleicht? Nein, auch nicht. Es war … lächerlich, ja, das war es!

Lächerlich war auch der Parteimensch da vorne!

Wie der da in seinem zu kleinen Anzug und seiner schief gebundenen Krawatte die langweiligsten Geschichten eintönig herunter plapperte. Warum tat der das überhaupt? Der fadisierte sich doch selbst auch dabei, das konnte man ihm ansehen.

Vielleicht hatte der auch eine Strafe für heute Nachmittag ausgefasst?

„… der blockfreien Staaten, die vor drei Jahren auf der Gipfelkonferenz von Belgrad gegründet wurde, geht zurück auf die Konferenz von Bandung im Jahre 1955. Als deren Ergebnis verabschiedeten 29 Staaten mehrere Resolutionen, in denen jede Form von Rassismus und Kolonialismus verurteilt wurde. In einer eigenen Resolution wurde der Abbau der Spannungen zwischen den Machtblöcken, eine allgemeine Abrüstung und ein Verbot von Kernwaffen gefordert. Diese Ideen unseres geliebten Marschalls Josip Broz Tito wurden von anderen Staatsmännern wie dem indonesischen Präsidenten Sukarno und dem ägyptischen Präsidenten Nasser freudig aufgegriffen und fanden ihren Niederschlag …"

Tito!

Josip Broz Tito!

Den müsste man zum Vater haben!

Der war bestimmt wesentlich lockerer als der eigene – Vater!

Der war geliebt vom ganzen jugoslawischen Volke, das wusste jeder in der Klasse.

Zu Tito müsste er gehen können und sich beschweren! Am Samstagnachmittag nicht dem Spiel zwischen Cetinje und Bijelo Polje zusehen dürfen! Was für eine Folter!

Außerdem: Bei Tito war es sicher nicht so kalt wie hier in der Schule, denn Tito war reich und mächtig. Der durfte alles machen, das wusste ja jeder! Der hätte Vuk sicherlich auch nicht bestraft, wenn er beim Schulschwänzen erwischt wurde. Obwohl: Vater bekam davon ohnehin kaum etwas mit. Mitkes Vater war da aufmerksamer. Und der Vater von Boris ohnehin. Der wollte sogar, dass Boris gute Noten nach Hause brachte. So gesehen konnte Vuk mit seinem Vater zufrieden sein, denn den kümmerten Noten und Schularbeiten nur wenig.

Diesmal würde es Vater auch nicht mitbekommen, dass er heute hier sitzen musste. Vater hatte Dienst im Krankenhaus, und bis er abends nach Hause kommen würde, war Vuk schon längst vor ihm da. Vier Stunden Nachsitzen!

Vuk hatte keine Ahnung, wie spät es schon war, denn die Wanduhr zeigte schon seit Oktober auf ein Uhr.

Aber allzu spät konnte es noch nicht sein, denn draußen war es noch hell. Dabei redete der Typ da vorne sicher schon eine Ewigkeit von mindestens fünf Stunden!

Wann war endlich Schluss mit dem Gefasel?

„… Gipfelkonferenz, die dieses Jahr in Kairo stattfinden wird, wird unser geliebter Marschall Josip Broz Tito den Vorsitz der Blockfreien Bewegung an den verehrten Präsidenten Ägyptens abgeben, an Gamal Abdel Nasser. Er wird sich danach ausschließlich auf die Führung unserer Staatspartei, des Bundes der Kommunisten Jugoslawiens, konzentrieren und auf die Weiterentwicklung und Förderung des Wohlergehens des Staates und jedes …"

Schon wieder ein Geschrei da draußen! Da musste ein Tor gefallen sein. Der Lautstärke nach für Cetinje. Und er nicht dabei!

So ein Pech!

Dass er sich gestern aber auch erwischen hatte lassen!

Sie hatten zuerst für das Geld, das sie im Lebensmittelgeschäft einer Frau aus dem Einkaufskorb geklaut hatten, drei Packungen Zigaretten gekauft. Keine teuren Zigaretten, aber immerhin rauchbar. Und dann hatten sie sich im Schuppen neben der Schule getroffen und gemeinsam geraucht. Alle drei Packungen. Das waren zwar drei Packungen zu je zwanzig Zigaretten, also … dreimal zwanzig, das macht … das macht … sechzig? Ja, richtig, sechzig!

Gut, aber sie waren ja auch elf, die da rauchten. Das machte pro Kopf etwa … vier … oder fünf, nein: sechs Zigaretten aus. Alles wäre ja gut gegangen, wäre es nicht so kalt gewesen im Schuppen und hätte nicht Zlatko mit Stroh in einer Holzkiste ein kleines Feuer gemacht. Denn gleich darauf brannte nicht nur das Stroh, sondern auch die Holzkiste und der Schuppen.

Sie hätten weglaufen sollen!

Spätestens, als der Schuldiener sie und das Feuer gesehen hatte.

Aber nein! Mitke hatte gesagt, sie müssten den Brand löschen, und deshalb waren sie da geblieben und hatten versucht zu löschen. Aber Löschen ohne Wasser ist unmöglich! Der Schuldiener und die anderen Erwachsenen hatten das ja dann bald geschafft. Aber sie, die Kinder, hatten keine Kübel, kein Wasser, sie hatten nichts zum Löschen!

Deshalb hätten sie weglaufen sollen!

Und weil sie das nicht getan hatten, saßen sie jetzt da und mussten diesem Parteitypen mit der komischen Krawatte zuhören. Und sie verpassten das Fußballspiel!

„Das passiert mir nie wieder", entschied sich Vuk. „Das mit dem Feuer war einfach nur Pech. Ich werde hier wieder einmal völlig schuldlos bestraft. Aber beim nächsten Mal bin ich vorsichtiger. Dann laufe ich so schnell weg, wie der Wind!"

Vasilje

15. August 1985

"Heilige Maria, mach' dass es nicht wahr ist!", entfuhr es Vasilje und er sandte einen flehenden Blick zum Himmel.

So eine Kette mit einem Schloss um das Fahrrad gewickelt, das war schon eine gute Erfindung. Besonders, wenn man so wie heute mit dem Rad nach Titograd musste, mitten hinein in die Stadt. Denn hier hatten Räder, das wusste Vasilje aus vielen Erzählungen, keine lange Verweildauer beim Besitzer, wenn der nicht gut darauf aufpasste.

Der Vorteil einer solchen Kette mit Schloss: Man kann es nur mit dem passenden Schlüssel öffnen.

Der Nachteil einer solchen Kette mit Schloss: Man kann es nur mit dem passenden Schlüssel öffnen.

Ein Dilemma, denn genau mit diesem Vorteil, der auch ein Nachteil sein konnte, hatte das Schicksal zugeschlagen!

Vasilje wusste schon, warum er sich jahrelang geweigert hatte, sein Fahrrad abzusperren. Aber dann hatte Milica es wieder einmal nicht lassen können, ihren Mann zu bemuttern.

Ja, natürlich, es stimmte zweifellos: Er vergaß schon einmal das eine oder andere. Manchmal wusste er zum Beispiel nicht gleich, wo er sein Fahrrad abgestellt hatte und er musste es suchen. Zweimal war er sogar zu Fuß nach Hause gegangen, weil er sich nicht mehr erinnern konnte, wo er es abgestellt haben könnte, aber er hatte es dann später doch wieder gefunden. Dazwischen lagen einige panikartige Suchattacken. Aber wer wäre denn in einer solchen Situation nicht nervös geworden?

Nun gut, diese bisherigen Episoden hatten sich zugegebenermaßen nicht in Titograd ereignet, sondern zu Hause in Tuzi, wo die Gefahr eines Diebstahls sehr gering war. Wer hätte denn dort mit Vasiljes Rad fahren sollen, wo es jeder sofort erkannt hätte? Ein Diebstahl war dort undenkbar, eher noch ein Streich eines Nachbarn.

Die Nachbarn.

Schon komisch, dass die fürs eigene Leben so wichtig sein können!

Man will bei ihnen einen guten Eindruck hinterlassen, möchte als freundlicher, offener und umgänglicher Mensch gelten, gibt aber trotzdem gerade nur so viel Preis, wie es notwendig ist, um einen solchen Eindruck zu erzeugen. Wirkliche Offenheit ihnen gegenüber war doch eher selten, im Dorf so wie in der Stadt.

Dabei hatten die meisten wohl ganz ähnliche Probleme wie man selbst. Aber wer würde schon seinen Nachbarn anvertrauen, dass man – um ein pikantes Beispiel zu nehmen – als verheirateter Mann soeben die alleinstehende Frau vom anderen Dorfende als Frau wahrgenommen und sich mit ihr näher eingelassen hat? Eben!

Das hatte natürlich auch den Nachteil, dass man keine Schulter zum Ausweinen hatte, wenn es mit eben dieser Frau nicht mehr ganz so rund lief, aber das war der Preis der angestrebten Diskretion. Einer Diskretion allerdings, die – wie sich häufig später herausstellte – ohnehin nicht vorhanden war, weil man nämlich sicher nebenbei von irgendjemandem im Dorf gesehen worden war, als man gerade ... Aber das ist eine andere Geschichte.

Zurück zum brennenderen Problem: das Absperren von Fahrrädern.

Weil Vasilje nicht nur in und um Tuzi herum mit dem Rad fuhr, sondern ab und zu auch in die Stadt musste, hatte ihm Milica ein Fahrradschloss geschenkt. Vasilje wollte es eigentlich nicht, denn wenn er es gewollt hätte, hätte er sich schon längst eines besorgen können. Aber gegen Milicas Bemutterungsanfälle war er letztlich machtlos und er hatte es gestern mit überschaubarer Freude auf den Gepäckträger montiert.

So war er also heute mit dem Rad nach Titograd gefahren, um eine neue Gasflasche und andere Dinge zu besorgen. In der Stadt hatte er das Rad abgestellt, brav die Kette ums Hinterrad geschlungen und abgesperrt. Danach hatte er erledigt, was zu erledigen war und wollte nun wieder nach Hause.

Der erfreuliche Teil der Geschichte: Er hatte auf Anhieb sein Rad wieder gefunden.

Der unerfreuliche Teil der Geschichte: Er hatte keine Ahnung, wo der Schlüssel zur Kette sein könnte.

Eine ganze Weile stand er, die schwere Gasflasche neben das Hinterrad gestellt, unentschlossen vor seinem Fahrrad. Dann begann er nochmals, seine Taschen zu durchsuchen. Diesmal tat er es methodisch, nicht so panikartig und unsystematisch wie zuvor, als er drei Mal in dieselbe Hosentasche gegriffen hatte, aber vermutlich die linke Innentasche seiner Jacke vergessen hatte.

Also zuerst die Hose: linke Tasche – ein Taschentuch, rechte Tasche – ein paar Schrauben und eine Büroklammer, hintere Tasche – nichts.

Dann das Hemd: Brusttasche – nichts.

Danach die Jacke: linke Außentasche – das Taschenmesser, linke Innentasche – sein Personalausweis, rechte Außentasche – der Hausschlüssel, rechte Innentasche – die Geldbörse.

Schließlich die Kappe: unter der Kappe – nichts, außen – nichts.

Vasilje fluchte kaum hörbar ausgewählte rustikale Wortkombinationen vor sich hin, dass es jedem wohlerzogenen Lippenleser die Schamesröte ins Gesicht getrieben hätte. Das durfte ja nicht wahr sein! Wo war der verdammte Schlüssel?

Noch einmal systematisch, aber diesmal mit anderer Methode: Er kontrollierte in der gleichen Suchabfolge wie zuvor seine Taschen und legte sorgfältig den jeweiligen Tascheninhalt neben dem Rad auf den Gehsteig: Taschentuch, Schrauben, Büroklammer, Taschenmesser, Personalausweis, Hausschlüssel, Geldbörse.

Die Passanten, die vorbeigingen, zögerten kurz, sahen ihn an, verstanden und gingen höhnisch lachend und sich über ihn unterhaltend weiter.

Sehr witzig! Als ob das nicht jedem passieren könnte!

„Heilige Maria, was für ein verteufeltes Schloss!", entfuhr es Vasilje, um nur den druckfähigen Teil seiner artikulierten Gefühle wieder zu geben.

Doch gleich darauf: „Entschuldige, heilige Gottesgebärerin! Ich wollte nicht an Deinem Sterbetag fluchen! Aber so hilf mir doch, bitte! Irgendwie muss ich doch wieder heimkommen! Ich will doch die Gasflasche nicht die ganzen fünfzehn Kilometer nach Hause tragen!"

Ah! Hatte Maria ihn gehört?

Denn Vasilje hatte eine Eingebung: Vielleicht könnte er ja das Schloss einfach knacken? Mal sehen!

Vasilje probierte mit dem Hausschlüssel, ins Schloss zu kommen, aber da hatte er keine Chance. Viel zu groß!

Möglicherweise ließen sich ja die Schrauben als Schlossöffner verwenden? Na ja, einen Versuch war es wert.

Oder die Büroklammer? Er bog sie gerade und stocherte mit dem Ende ins Schloss hinein. Nichts.

Vielleicht musste man am Ende einen kleinen Haken formen? Er klemmte die Büroklammer mit den Zähnen fest und bog sie nach oben, sodass nun ein kurzes Stück rechtwinkelig abstand. Mit dem stocherte Vasilje wieder im Schloss herum – wieder nichts.

Jetzt reichte es Vasilje und er wollte es mit Gewalt probieren. Wozu hatte er denn sein Taschenmesser? Das war zwar ein bisschen ruppig und Milica würde ihm seine Notlage nie abnehmen, aber wenn das Schloss nicht anders aufzubekommen war, musste er es notfalls eben zerstören.

Er bohrte mit dem Taschenmesser tief ins Schloss. Als er spürte, dass es darin fest verankert war, drückte er das Messer langsam nach oben. Er spürte an der Spannung, dass das Schloss jeden Moment zerbrechen würde, drückte vorsichtig weiter, hörte das Knacken und das Brechen des Metalls und – sah die abgebrochene Klinge im Schloss stecken.

Ein Passant blieb stehen:

„Unterstehen Sie sich, am helllichten Tag mitten in Titograd ein Fahrrad stehlen zu wollen!"

„Hören Sie, das geht Sie gar nichts an. Das ist mein eigenes Rad!"

„Dann sperren Sie das Schloss auf und versuchen Sie nicht, es aufzubrechen!"

„Danke für den guten Rat! Ich weiß aber nicht, wo der Schlüssel ist!", wurde Vasilje etwas heftiger.

„Also ist es doch nicht Ihr Fahrrad! Verschwinden Sie, sonst verständige ich die Milicija! Die nimmt Sie dann gleich mit aufs SUP, und dann werden Sie schon sehen!", rief der Mann mit erhobener Stimme. Einige Passanten wurden aufmerksam und verhielten ihren Schritt. Unheil lag in der Luft.

Vasilje machte sich mit seiner Gasflasche davon. Er wollte nicht für noch mehr Aufregung sorgen.

Dieses durch und durch verwünschte Schloss!

Aber vielleicht ließ sich das ja auch anders lösen. Im schlimmsten Fall müsste er die Gasflasche am Gepäckträger montieren, das Rad hinten hochheben und nach Hause schieben. Das war immer noch besser, als die Gasflasche auf der Schulter heim zu tragen. Das würde zwar in Tuzi ein schönes Gelächter geben, aber was sollte er sonst machen? Vielleicht, wenn er Glück hatte, fand sich ja auch ein Autofahrer, der denselben Weg hatte, und bei dem er das Rad im Wagen mitnehmen konnte. Auch da würde er zwar zum Gespött der anderen werden, aber wenigstens musste er das Rad dann nicht die ganze Strecke bis Tuzi tragen.

Nach einer Viertelstunde schlich Vasilje wieder mit seiner Gasflasche zurück zum Rad. Er sah unauffällig nach links und rechts, ob er wieder einem misstrauischen Passanten auffallen könnte. Aber niemand schien von ihm Notiz zu nehmen.

Deshalb befestigte er die Gasflasche am Gepäckträger, hob das Rad hinten hoch und begann, es unauffällig von der Straße wegzuschieben. So unauffällig dürfte es aber nicht gewesen sein, denn sogleich wurde er von einem Mann in einem blauen Overall angesprochen:

„Wenn Sie das Rad stehlen wollen, stellen Sie sich nicht gerade geschickt an. Lassen Sie das lieber bleiben, wenn Sie es nicht besser können!"

„Das ist mein Rad! Ich finde den Schlüssel nur nicht!"

„Wo könnte er denn sein?", fragte der Mann im blauen Overall.

„Ich hab keine Ahnung! Ich hab schon alle meiner Taschen mehrmals umgedreht, aber er ist einfach nicht zu finden!", klagte Vasilje.

Der Mann im blauen Overall lächelte verschwörerisch und andeutend, dass er Vasilje kein Wort glaubte. Dann drehte er sich um und ging weiter.

Vasilje schob das Rad die Straße hinunter, mit der linken Hand an der Lenkstange und mit der Rechten das Hinterrad hochhebend. Nach 50 Metern wurde er wieder angesprochen, diesmal reichlich forsch:

„Was tun Sie da mit dem Fahrrad?"

Ach du meine Güte! Die Milicija! Das hatte ihm gerade noch zum Glück gefehlt!

„Ich bringe es nach Hause. Es gehört mir und ich weiß nicht, wo der Schlüssel zum Schloss ist."

„Wie haben Sie das Fahrrad dann hierhergebracht, wenn Sie doch nicht wissen, wo der Schlüssel ist?", fragte der Milizionär.

„Beim Herfahren hab ich es ja auch noch gewusst. Nur jetzt weiß ich es eben nicht mehr!"

„Haben Sie einen Beweis dafür, dass das wirklich ihr Fahrrad ist?"

„Hören Sie, glauben Sie im Ernst, dass so etwas irgendjemand beweisen kann?", entgegnete Vasilje, nun schon leicht genervt.

„Kommen Sie mit und weisen Sie sich aus", sagte der Milizionär und ging ein paar Schritte zurück in Richtung zu einer Einkaufspassage. Vasilje lehnte das Fahrrad an einen Laternenpfahl, um den Passanten nicht den Weg zu verstellen und folgte ihm.

Der Milizionär stellte sich so, dass er die Straße weiter im Blickfeld hatte. Vasilije schaute in Richtung der Passage. Er wies sich aus; der Milizionär schrieb alle Daten gewissenhaft in seinen Notizblock.

„Wie lange haben Sie das Fahrrad schon?", wollte er nun wissen.

„Keine Ahnung. Vielleicht so acht oder zehn Jahre."

„Wo haben Sie es gekauft?"

„Hier in Titograd. In dem Radgeschäft gegenüber vom Friedhof beim Gorica-Hügel."

„Können Sie das beweisen?"

„Glauben Sie denn, ich trage jahrelang einen Kaufbeleg mit mir spazieren?"

Gerade, als Vasilje das sagte, sah der Milizionär, dass jemand auf das Fahrrad stieg und ohne Hast darauf wegfuhr.

„Na also! Ein Fahrraddieb! Da hab ich doch endlich einen erwischt! Das hab ich mir doch gleich gedacht!", rief er und legte – Vasilije die Hand auf die Schulter. „Sehen Sie, dort fährt der Eigentümer damit weg. Und Sie wollen mir einreden, dass es Ihnen gehört?! Los, mitkommen aufs SUP!"

Vasilje verstand nicht gleich. Dann drehte er sich um und sah gerade noch, wie sein Fahrrad, gelenkt von dem Mann im blauen Overall, die Straße hinunter verschwand.

„Aufhalten! Dieb! Das Fahrrad!", rief Vasilje aufgeregt und wollte ihm nachlaufen.

Vergeblich! Die Passanten beobachteten, wie der Milizionär den schreienden Vasilje festhielt und machten sich bereit, den soeben festgenommenen vermeindlichen Dieb an einer Flucht zu hindern.

Aber niemand achtete auf den Mann im blauen Overall auf dem Fahrrad oder versuchte gar, ihn aufzuhalten.

Am SUP, wie das Kommissariat der Milicija genannt wurde, hieß man Vasilje als lang gesuchten Fahrraddieb herzlich willkommen. Zu lange schon waren den Milizionären Faulheit, Unfähigkeit und Korruption vorgeworfen worden, als dass sie sich jetzt nicht über die Festnahme des auf frischer Tat ertappten Gesetzesbrechers aufrichtig und triumphierend gefreut hätten. (Leider stolperte Vasilje beim Betreten des Verhörzimmers zwei Mal, so dass er sich Stirn und Nase an einem Türrahmen blutig stieß und sich ein Auge nach einer kurzen, versehentlichen Berührung mit einem hoheitlichen Ellbogen bläulich verfärbte.)

Nach der Aufnahme seiner Personalien begleitete man ihn vorsichtig (wieder ein ungeschicktes Niederfallen) in einen vergitterten Raum, der ihm als Nachtquartier zur Verfügung gestellt wurde (im Schwung des Eintritts in die Arrestzelle kurz das Gleichgewicht verloren und gegen die Gitterstäbe gestolpert).

All seine Einwände und Proteste halfen ihm nichts – er war für die Nacht ruhig gestellt und hatte nicht einmal die Möglichkeit, Milica oder sonst jemandem in seinem Tuzi Bescheid zu geben. Morgen würden dann die Personalien überprüft werden.

Als Vasilje alleine in der Zelle war (ab jetzt unfallfrei), setzte er sich auf die Pritsche und hielt und rieb sich die schmerzenden Stellen am Körper.

„Damit ist ja für Gesprächsstoff in Tuzi in den nächsten Jahren gesorgt!", ahnte er, wie seine Nachbarn ihn demnächst aufziehen würden. Die Schmerzen würden bald vergehen, aber den Spott würde er noch lange ertragen müssen.

So lag er zwei Stunden auf der Pritsche, und langsam wurde er ruhiger. Im Geist ging er nochmals den ganzen Tag durch. Und da fiel es ihm plötzlich ein: Der Schlüssel war in der Satteltasche!

Der Mann im blauen Overall war wohl schneller darauf gekommen …

Franjo

25. Juni 1991

„Diese Milicija muss mit dem Teufel im Bunde sein!", überlegte Franjo angestrengt. „Wieso wissen die, was ich getan haben soll und ich weiß es nicht?"

Er hockte auf der Pritsche seiner Zelle und starrte durch die Gitterstäbe. Ebenso langsam wie die Schmerzen im Kopf nachließen, so langsam tauchten auch die Erinnerungen wieder auf. Zumindest teilweise, in Form zusammenhangloser Bruchstücke:

Da war die Sache mit dem Moped. Außerdem war da dieses kaputte Auto. Und eine Glasscheibe. Aber was hatte die mit dem Auto und dem Moped zu tun?

Jedenfalls fiel ihm das hämische Grinsen dieses bärtigen, aus dem Mund stinkenden Schnapsverkäufers ein. Und er selbst mit ein paar Rakijaflaschen am Marktbrunnen. Doch warum war sein Freund Milo mit dabei? Es war doch am Markt in Titograd, richtig? Ja klar, Titograd. Wo sonst! Aber da waren noch ein zweites Moped und eine Menge Blut am Asphalt. Offenbar ein Unfall, und es standen viele Menschen herum und gafften.

Wie hing das alles bloß zusammen? Und wieso hatten die Milizionäre ausgerechnet ihn aus der ganzen Menge mit aufs Kommissariat genommen, das sie alle nur SUP nannten?

„Langsam, überleg' langsam, es fällt dir schon wieder ein!", redete Franjo auf sich ein.

Also, ... er war jedenfalls auf einem Moped gesessen. Er konnte noch das heiße Kunstleder unter seinem Hintern fühlen. Sonst fühlte er nichts, sah man von dem heftigen Brummen in seinem Schädel ab.

„Au, mein Kopf!"

Franjo hatte sich beim Denken und Erinnern zu schnell bewegt. Sofort schoss ihm das Blut in den Kopf und hämmerte von innen gegen Schläfen und Stirn.

Also nochmals bedächtig von vorne. Oder von hinten, egal, die Hauptsache war, er konnte ein wenig Ordnung in die wirren Fragmente bringen. Wie war das alles gewesen?

Es fiel ihm ganz und gar nicht leicht, die einzelnen Teile dieses Puzzles zu ordnen.

Das war sicher wegen diesem Rakija!

Stimmt!

Damit hat die Geschichte angefangen!

Mit dem Rakija!

Den besten, das wusste Franjo sogar jetzt, wo er ja gerade nicht wirklich viel wusste, den besten bekam man im Schnapsladen Ristivojević.

Der Inhaber dort hatte nicht den gewöhnlichen Fusel, wie man ihn oft sonst wo zu trinken bekam: irgendeinen billigen Sliwowitz aus Zwetschken oder einen Grozdawa aus Trauben. Nein, dort bekam man einen herrlichen Rakija aus Pfirsichen, einen Praskowia, und einen unübertrefflich aromatischen Rakija aus Marillen, einen Kaisiewa. Beide bezog der Inhaber direkt von einem Bauern im Umland, der sie jeweils zweimal destillierte. Das war dann kein gewöhnlicher Rakija mehr, mit vierzig oder maximal fünfzig Prozent, sondern ein Prepečenica! Und eben dieser doppelt gebrannte Pfirsich-Rakija, der hatte nicht nur über sechzig Prozent, sondern er war auch geschmacklich das Nonplusultra aller Rakijas und Prepečenicas in ganz Jugoslawien!

Leider war er das auch, was den Preis betraf!

Für eine einzige Flasche musste Franjo mehr bezahlen, als er mit Sicherheit in der Tasche hatte, wenn nicht gerade Zahltag war. Und selbst an diesem Tag galt das nur für die ersten Stunden nach Auszahlung des Wochenlohns.

Stimmt! Es war dieser verdammt hohe Preis! Deshalb war er mit Milo auf den Markt gegangen. Jetzt fiel es ihm wieder ein.

Richtig, er und Milo waren im Park gesessen und hatten geredet. Milo hatte die Geschichte von Papin und Husa erzählt, dem Romapaar aus der kleinen Siedlung am Stadtrand von Titograd. Lustige Namen waren das, denn Papin bedeutete „der Dumme", und Husa „die Gans". Die beiden waren es, die davon lebten, in Budapest gemeinsam die Touristen beim Geldwechseln zu betrügen. Zu diesem Zweck reisten Papin und Husa immer wieder unbemerkt über die Grenze nach Ungarn. Ihre Masche war, dass Husa zuerst die Touristen aussuchte und ansprach. Am besten eigneten sich Pärchen. Denen erzählte sie irgendeinen Schwachsinn, etwa dass sie dringend Devisen brauchte, um für ihre kranken Kinder Arznei kaufen zu können oder so etwas in dieser Art. Dann fragte sie die Touristen, ob sie schwarz Geld wechseln wollten. Sie sei auch bereit, ihnen einen deutlich besseren Wechselkurs für ihre D-Mark, Schilling, Francs, Dollar und weiß der Teufel was sonst noch, zu geben. Das war attraktiv für die Touristen, das wussten Husa und Papin, denn Geldwechseln war in Ungarn nur in amtlichen Wechselstuben zu einem wirklich schlechten, weil staatlich festgesetzten Preis möglich.

Wenn die Touristen angebissen hatten, gingen Papin und Husa mit ihnen in einen Hauseingang. Husa stand am Eingang Schmiere und Papin erledigte das Finanzielle. Er zählte den Touristen den Betrag in Forint vor, den das Wechseln ergeben sollte. Dann forderte er die Touristen auf, den Stapel mit den ungarischen Geldscheinen nachzuzählen. Die taten das dann auch, einmal, zweimal, dreimal, weil sie ahnten, dass da irgendetwas faul an der Sache sein musste. Nach mehrmaligem Nachzählen warnte Papin die Touristen eindringlich, ja nicht die Polizei zu informieren, weil sie sonst wegen Schwarzwechseln ins Gefängnis kämen. Und dann schaute er, dass er gemeinsam mit Husa Fersengeld gab.

Die Touristen, die dann noch im Gang standen, unterhielten sich erfreut und staunend über das Glück, das sie soeben gehabt hatten. Dann zählten sie das gewechselte Geld nochmals nach und erkannten entsetzt, dass Papin beim letzten Mal Nachzählen den bereits kontrollierten Stapel Geldscheine gegen einen anderen ausgetauscht hatte, der innen nur aus Zeitungspapier bestand. Und dann waren die Touristen die Dummen, nicht mehr Papin, selbst wenn der so hieß!

Diese Geschichte hatte Milo am Markt erzählt und sich über die Einfalt und die Geldgier der Touristen köstlich amüsiert. Dann waren sie irgendwie thematisch zum Prepečenica des Schnapsladens Ristivojević gekommen und zu dessen unerschwinglichen Preisen. Und dann hatten sie einen Plan ausgeheckt.

Ja, jetzt fiel es Franjo wieder ein, wie es dann weitergegangen war!

Sie waren zum Markt gegangen und hatten dort von einem parkenden Lastwagen zwei leere Flaschen gestohlen, ganz normale durchsichtige Glasflaschen. Eben solche, in denen auch der Rakija verkauft wurde.

Die hatten sie gereinigt, am Brunnen mit Wasser gefüllt, herumliegende Korken hinein gedrückt und sie damit verschlossen. Dann hatte jeder eine Flasche in die Jacke gesteckt und war so zum Schnapsladen von diesem Ristivojević gegangen. Dort hatten sie sich zuerst unauffällig herumgedrückt und dann demonstrativ je eine Flasche Prepečenica in die Hand genommen, und zwar eine Marille und eine Pfirsich. Der bärtige Inhaber, der meterweit gegen den Wind aus dem Mund stank, hatte sie natürlich längst im Visier, aber das entsprach ja genau ihrem Plan.

Anstatt mit den kostbaren Schätzen nun zum Eingang zu gehen und zu zahlen, waren sie noch eine Weile im Geschäft herum gelungert. Auf Kommando waren sie dann plötzlich mit den teuren Flaschen in den Händen aus dem Geschäft gestürmt. Ristivojević, der sie ja beobachtet hatte, war ihnen sofort nachgelaufen, aber sie hatten sich rasch vor ihm unter die Passanten gemischt. Kaum waren sie von diesen etwas verdeckt gewesen, hatten sie die Prepečenica-Flaschen gegen die mit Wasser gefüllten aus ihren Jackentaschen ausgetauscht.

Mit den Wasserflaschen in den Händen waren sie noch ein paar Schritte weiter gelaufen. Als ihnen Ristivojević immer näher gekommen war, hatten sie vorgetäuscht aufzugeben und die Wasserflaschen auf der Straße abgestellt. Dann waren sie rasch weiter gelaufen. Der Rakijaverkäufer hatte sich täuschen lassen, denn als er glaubte, ihnen die Beute abgejagt zu haben, war er den beiden nicht mehr nachgelaufen. Er hatte die beiden mit Wasser gefüllten Flaschen an sich genommen und ins Geschäft getragen.

Und so waren Franjo und Milo zu zwei Flaschen des besten Prepečenica gekommen: zu einer Marille und zu einem Pfirsich! Was für eine Freude!

Sie hatten sich mit den Flaschen wieder in den Park gesetzt und begonnen, ihre Schätze zu trinken. Zufrieden mit der Welt an sich und mit ihrer Situation im Besonderen genossen sie den herrlichen Tag im Park und beobachteten beseligt die sinkenden Pegel in ihren Flaschen.

Irgendwann hatten sie eine aufgeregte Diskussion in der Nähe gesehen. Passanten waren erregt, schrien, schimpften und stritten, und unter ihnen war auch Ristivojević. Zuerst hatten sie geglaubt, dass er den Austausch der Flaschen bemerkt hatte, und wollten sich vorsichtshalber davon machen. Aber dann hatten sie mitbekommen, dass die Menschen im Park bloß deshalb stritten, weil sich Slowenien und Kroatien heute von Jugoslawien losgesagt hatten.

Na sollten sie doch!

Wenn sie glaubten, dass sie damit glücklicher waren!

Den besten Rakija gab es ohnehin in Montenegro und in Serbien. Da würden die Kroaten schon sehen, wo sie ihren Sliwowitz in Zukunft herbekommen würden! Und die Slowenen ohnehin, diese halben Österreicher!

Richtig, so war das! Die Erinnerung war nun ziemlich geordnet wieder da.

Sie hatten im Park sitzend die Prepečenicas verglichen und abwechselnd jeweils vom Pfirsich und von der Marille getrunken. Sie hatten herausfinden wollen, welcher der beiden der Allerbeste war. Ein Schluck von hier, ein Schluck von da. Wieder ein Schluck zum Vergleich von hier und wieder einer von da. Das hatten sie lange gemacht, gut eine Stunde lang, und dazwischen hatten sie jeweils das Zwischenergebnis diskutiert. Milo hatte gemeint, die Marille sei der bessere, aber Franjo hielt mehr auf den Pfirsich. Und weiter: ein Schluck von hier, ein Schluck von da.

Bis zuletzt hatten sie sich nicht einigen können und es war ihnen sozusagen ganz ähnlich gegangen wie der Gruppe, die neben ihnen immer noch wegen den Slowenen und Kroaten debattierte: Sie hatten sich trotz eingehender Prüfung und Abwägen aller Vor- und Nachteile auf kein gemeinsames Ergebnis einigen können.

Wobei, zwei Ergebnisse hatten sie schon: nämlich zwei leere Flaschen und zwei ziemlich volle Köpfe. Deshalb hatten sie beschlossen, ihre Untersuchungen an zwei weiteren Flaschen fortzusetzen. Es war ihnen aber klar gewesen, dass sie nicht mehr hundertprozentig fluchttauglich waren und dieser Ristić, nein: Ristojević, falsch: Ristojvić, ach was soll's, dieser Rakijaverkäufer sie leichter erwischen konnte. Noch dazu, wo der jetzt sicher misstrauisch war, wenn er sie nur sah.

Deshalb hatten sie die Flaschen wieder am Markt mit Wasser gefüllt, mit gefundenen Korken verschlossen und waren in das Mopedgeschäft gegangen. Denn sie hatten ihren Plan modifiziert: Wenn sie auf einem Moped säßen, das war ja logisch, dann konnte sie dieser Schnapsverkäufer sicher nicht einholen.

Sie waren also in das Mopedgeschäft gegangen. Der Verkäufer, der sonst immer vor seinem Laden gemütlich mit Bekannten Backgammon spielte, stand wie viele andere auf der

Straße und regte sich auf. Auch er redete über nichts anderes als über Slowenien und Kroatien und deren Austritt aus Jugoslawien.

Hatten die alle nichts Wichtigeres zu tun als über das zu streiten?

Na, ihnen beiden konnte es nur recht sein. So waren sie durch die offen stehende Eingangstür ins Geschäft gegangen und hatten sich ungehindert auf zwei Mopeds gesetzt. Dann hatten sie die gestartet und waren mit Vollgas aus dem Geschäft gefahren. Also beinahe, zumindest:

Milo hatte es problemlos am Moped aus dem Geschäft geschafft, das war das Gute. Das Schlechte war, dass er den Ausgang nicht genau berechnet und die offenstehende Tür touchiert und zerbrochen hatte. Und, ja, jetzt fiel es Franjo wieder ein, das zweite Schlechte war, dass Milo unmittelbar nach dem Bersten der Glastüre in die diskutierende Menschenmenge gestürzt war.

Bei Franjo war das anders gelaufen. So weit wie Milo war er gar nicht erst gekommen. Er hatte nämlich gleichzeitig mit seinem Freund durch den Ausgang auf die Straße fahren wollen, aber dieser war eben schon durch Milo besetzt. So war Franjo gegen die Mauer neben der Eingangstür gekracht und mit dem Kopf gegen die Wand geprallt. Das war aber schon – was ihn betraf – die schlechte Nachricht. Also fast, denn die Wasserflasche war auch zerbrochen. Aber sonst war alles heil. Die gute Nachricht war, dass er ungesehen aus dem Geschäft torkeln konnte, weil draußen alle zu Milo hingestürzt waren. Diesen Augenblick hatte Franjo genützt und war heimlich abgehauen.

Zuerst war er in eine Nebengasse gewankt. Dort war er eine Zeit lang gesessen und hatte nachgedacht, wie er jetzt die zerbrochene Flasche ersetzen könnte. Aber die würde er ohnehin nicht mehr brauchen, das war ihm bald klar geworden.

Dann hatte er wissen wollen, was mit Milo passiert war. Um nicht erkannt zu werden, hatte Franjo seine Jacke ausgezogen und sich unauffällig unter die Passanten gemischt, die um Milo herum standen. Der Mopedverkäufer hatte ein Riesentamtam gemacht und schon die Milicija verständigt.

War es die Kopflandung mit dem Moped, war es der Prepečenica? Jedenfalls war es für Franjo nicht leicht, alleine gerade zu stehen, als er nach Milo schauen wollte. Deshalb hatte er sich an einem Passanten neben ihm, etwas abgestützt, um nicht umzukippen. Das war doch normal, dass man sich gegenseitig half, wenn man gerade Schwierigkeiten mit dem Gleichgewicht hatte, oder?

Der andere hatte das nicht ganz so gesehen und war zur Seite getreten. Da war Franjo umgefallen und knapp neben Milo zum Liegen gekommen. Und danach? Keine Ahnung!

Funkstille!

Ein tiefes schwarzes Nichts!

Irgendwann später hatten ihn dann Milizionäre befragt und hatten ihn etwas unterschreiben lassen. Sie hatten ihm gesagt, dass er sich auf ein paar Monate gesiebte Luft einstellen könnte.

Aber verdammt noch einmal, woher wussten die denn alles, was Milo und er getan hatten? Von ihm nicht, denn er hatte auf der SUP nur belangloses Zeug geredet. Und Milo hatte es ihnen sicher auch nicht verraten, denn der konnte dicht halten und war vermutlich außerdem im Spital.

Dennoch hatten die es irgendwie heraus bekommen und ihn hinter Gitter gesteckt.

Das war mysteriös, absolut geheimnisvoll!

„Diese Milizionäre müssen mit dem Teufel im Bunde sein!", vermutete Franjo, während er langsam auf die Pritsche umkippte. „Mit dem …"

Noch bevor er umgekippt war, war er auch schon eingeschlafen.

Aber bevor er richtig eingeschlafen war, hatte schon sein nächster Traum begonnen: der von einer riesigen Flasche Pfirsich. Denn der war eindeutig noch besser als die Marille!

DRAGANA

20. FEBRUAR 1993

„Danke! Danke vielmals! Alhamdulillah! Ich kann es gar nicht glauben!", stammelte Jasmina vor Freude. „Allah schenke Ihnen dafür ein wunderbares Leben!"

„Ach, ich mache das wirklich gerne und ich kann mir schon vorstellen, wie es Ihnen und Ihrer Familie dort im Lager geht", antwortete Dragana.

„Ja, es ist nicht sehr angenehm mit viertausend anderen. Besonders für Karim, Fatima und Khadija ist es dort schlimm. Nicht nur, dass sie ihre Freunde aus Trebinje vermissen, sondern sie haben auch keinerlei Möglichkeit, mit anderen Kindern zu spielen."

„Das können sie ja hier machen. Meine Enkel sind ungefähr im gleichen Alter und Platz haben wir im Haus genug, wenn wir alle ein wenig zusammen rücken. Die Hauptsache ist, dass es Ihnen allen gut geht, bis Sie weiter reisen können. Haben Sie schon eine Ahnung, wohin es gehen könnte?"

„Wir wollen nach Österreich oder nach Deutschland. Lieber wäre uns Österreich, weil dort eine Tante von mir in der Nähe von Wien lebt. Das heißt, mir persönlich wäre das lieber. Mein Mann meint, dass es in Deutschland eher Arbeit für uns geben könnte, aber das glaube ich nicht."

„Wissen Sie schon, wie Sie das mit dem Visum angehen wollen?"

„Wir haben gehört, dass man über Albanien halbwegs einfach nach Kopenhagen kommen soll. Von dort könnten wir dann leichter nach Österreich als auf dem direkten Weg. Andere haben geraten, über Kroatien und Ungarn zu reisen und in Budapest zu versuchen, ein Flüchtlingsvisum zu bekommen."

„Das klingt beides nicht einfach, besonders für Sie mit den Kindern und Ihrem verletzten Mann. Aber was bin ich denn für eine Gastgeberin? Wir stehen da vor dem Haus und ich frage Ihnen Löcher in den Bauch! Kommen Sie doch bitte herein. Dann zeige ich Ihnen auch gleich, wo Sie schlafen können."

Bald darauf durchzog der Duft des grünen Tees das einfach eingerichtete Zimmer, wo sich die beiden an den Esstisch setzen.

Dragana nahm das Gespräch wieder auf: „Es ist ein Jammer, was aus unserem schönen Jugoslawien geworden ist. Statt jetzt, wo sich in der Welt so viel ändert, gemeinsam in diesem Paradies zu leben, wollen alle bloß weg und wir schießen auch noch aufeinander. Was macht die Zeit bloß mit uns?"

„Ich verstehe es auch nicht. Sogar unser Bürgermeister ist plötzlich verrückt geworden. Solange er Lastwagenfahrer war, war er ein durchaus anständiger Mensch. Dann, als Bürgermeister, naja, war er wie Politiker eben sind. Nicht besser oder schlechter als andere. Aber jetzt ist er ein ganz anderer Mensch geworden."

„Wieso? Was hat er denn gemacht?"

„Niemand weiß Genaues, aber uns allen ist vollkommen klar: Er war es, niemand anderer als er selber, der diese Säuberungstruppen durch Trebinje geschickt hat, um uns Moslems zu vertreiben. Offiziell gibt er es natürlich nicht zu. Er sagt, er könne uns nicht schützen, wenn diese bewaffneten Serben von Haus zu Haus gingen und uns daraus vertrieben, um die Republika Srpska rein serbisch zu machen. Aber in Wirklichkeit sind die auf seinen Befehl gekommen, da hat niemand von uns den geringsten Zweifel."

„Haben Sie ihm denn Anlass gegeben?"

„Keine Spur! Gerade wir in Trebinje waren die treuesten und loyalsten Mitbürger, die sich ein Serbe wünschen kann.

Seit die Slowenen Jugoslawien verlassen haben, haben wir sogar unseren Kindern serbische Namen gegeben. Und als es gegen die Kroaten gegangen ist, sind unsere Männer mit den Serben und Euch Montenegrinern gegangen, um Dubrovnik zu erobern."

„Wie, Ihre Leute waren in der Schlacht um Dubrovnik?"

„Natürlich, es liegt doch nur fünfzehn Kilometer von Trebinje entfernt."

„Mein Sohn war auch dabei, unter General Vučurević."

„Na, das ist doch unser Bürgermeister!"

„Wie, Ihr Bürgermeister? Ich dachte, der war Lastwagenfahrer?"

„Ja, bevor er Bürgermeister wurde. Später hat Karadžićs, dieser selbsternannte Präsident der Republika Srpska, ihn zum General gemacht."

„Aber das kann doch nicht sein! Dieser General ist doch ein primitiver Mensch! Ich weiß noch, was mein Sohn mir erzählt hat, als es gegen Dubrovnik ging. Er hat gemeint, dass Dubrovnik wegen seiner Lage entlang der Küste schwer einzunehmen sei, aber von darüber liegenden Bergen leicht zerstört werden könne. Und er hat erzählt, dass eben dieser General Vučurević das vor hatte und er Kritiker mundtot machte, indem er meinte, nach der Eroberung ein noch schöneres und älteres Dubrovnik zu bauen. Als ich das hörte, dachte ich, dieser Vučurević müsse ein einfältiger Soldat sein, der nur durch die Partei General geworden war. Aber Lastwagenfahrer und Bürgermeister? Wie konnte Karadžićs denn so jemanden zum General machen?"

„Wer kann das schon wissen, in einer Zeit, in der Slowenien und Kroatien nicht mehr zu Jugoslawien gehören? In der Serben, Montenegriner, Bosnier und Herzegowiner, bosnische Serben und bosnische Kroaten ein neues Jugoslawien gründen wollen und doch gegeneinander kämpfen? In der wir aus unserer Heimat vertrieben werden, wo unsere Vorfahren seit Jahrhunderten gelebt haben, bloß weil wir Muslime sind?"

„Sie haben Recht, das ist nicht zu verstehen."

„Dabei haben wir hier noch Glück! Mascha'Allah! Aus Janja sind Tausende von uns von der serbischen Armee nach Tuzla getrieben worden. Sie haben tagelang durch den Schnee und den Frost marschieren müssen, ohne Verpflegung und gute Kleidung. Jeder zehnte hat das nicht überlebt."

„Sie haben doch gut mit den Serben zusammen gelebt in Trebinje, oder?", erkundigte sich Dragana.

„Aber natürlich", antwortete Jasmina. „Viele von uns waren ja sogar mit Serben verheiratet. Aber als dann diese Räumkommandos kamen, wie sie sich nannten, mit den Gewehren und uns aus den Wohnungen in die Busse trieben, die uns dann hierher brachten, da ist keiner unserer Nachbarn auch nur stehen geblieben, um uns zu helfen. Sie haben einfach nicht zu uns gesehen und sind weiter gegangen, als ob nichts wäre."

„Angst?"

„Ja, sie hatten alle Angst. Wissen Sie, da war ein alter Muslim, der gehinkt hat und nicht so schnell gehen konnte, wie die Bewaffneten das wollten. Dem haben sie das Gewehr von der Seite hineingestoßen, dass seine Rippen gebrochen sind. Als ein junger Serbe das verhindern wollte, wurde er auf der Stelle erschossen. Einfach so, ohne Fragen und ohne Aufhebens. Von da an hat uns niemand mehr auch nur angesehen, wenn wir Hilfe brauchten."

„Und Sie selbst und Ihr Mann? Sind Sie alle gleich in den Bus gestiegen?"

„Mein Mann wollte sich wehren, auch weil er ja mit den Serben und Montenegrinern gemeinsam bei den Angriffen auf Dubrovnik dabei war und dort sein linkes Auge und den Arm verloren hatte. Aber einer aus dieser Truppe hielt unserem Karim ein Messer an den Hals und da wussten wir, dass wir keine andere Wahl hatten."

„Unglaublich! Diese Barbaren bedrohen einen Fünfjährigen mit dem Messer?"

„Ja, und mein Ehemann konnte nichts dagegen machen.

Er leidet seitdem noch mehr unter seiner Verletzung, weil er nun fürchtet, als Mann nichts mehr wert zu sein, wenn er nicht einmal sein Kind verteidigen kann. Dabei ist er ein so guter …", brach Jasmina ab, weil ihr die aufsteigenden Tränen ein Weiterreden unmöglich machten.

„Ein so guter …", setzte sie wieder an und verstummte wieder.

Dragana nahm sie in die Arme und hielt sie schweigend fest. Nach einigen Minuten löste sich Jasmina und beendete den Satz: „… Mann und Vater."

Beide nickten.

„Und Ihr Sohn?", fragte Jasmina.

„Dubrovnik", antwortete Dragana und ihre Augen füllten sich mit Trauer.

„Es muss trotzdem weiter gehen", sagte Dragana. „Vesna ist eine gute Mutter für meine drei Enkel. Und Rado ist ihr mit seinen zehn Jahren schon eine gute Hilfe."

Stumm hingen die beiden Frauen ihren Gedanken nach.

Erst nach einiger Zeit, vielleicht nach einer Viertelstunde, änderte sich die Stimmung und sie kamen wieder in die Gegenwart zurück.

„Dragana, Sie sind unglaublich gastfreundlich zu uns, obwohl wir einander heute erst begegnet sind. Darf ich Sie fragen, weshalb Sie uns so helfen wollen, obwohl viele hier in Rožaje uns nicht gerne sehen? Verstehen Sie mich nicht falsch, ich bin unendlich dankbar dafür. Aber ich möchte es nur verstehen."

Stockend und zögerlich begann Dragana mit Ihrer Antwort. „Es ist an mir, dankbar zu sein."

Jasmina sah sie verständnislos an und wartete, dass Dragana weiter sprach.

„Wissen Sie, Sie geben mir die Möglichkeit, ein bisschen von dem gut zu machen, was vor achtzig Jahren meine Großmutter getan hat."

„?"

„Als Muslimin haben Sie doch sicher vom Pogrom in Rožaje 1913 gehört, oder?"

„Natürlich. Damals sind viele meiner Glaubensbrüder und Glaubensschwestern umgebracht oder aus Montenegro vertrieben worden."

„Ja. Und eine der Moscheen, die in Brand gesteckt wurden, obwohl viele Menschen darin Zuflucht gesucht hatten, hat meine Großmutter Mihajla angezündet."

„Das ist ja furchtbar! Sind Sie sicher?"

„Ja, leider. Meine Großmutter konnte es mir nie sagen, aber Božo, mein Großvater, war damals dabei. Er wagte es damals nicht einzuschreiten und das hat ihn bis an sein Lebensende verfolgt. Er hat es mir vor zehn Jahren erzählt, kurz vor seinem Tod. Er sagt, er habe jede Nacht die Schreie der Menschen in der Moschee gehört."

„Ya Allah!"

„Ja. Mit der Last dieser Untat bin ich seither beladen und nun höre ich die Schreie der Menschen, als ob ich damals mit dabei gewesen wäre. Egal, was ich unternommen habe um davon loszukommen, es war zwecklos. Und als Sie mir heute früh beim Lager erzählt haben, dass vor drei Wochen serbische Tschetnik-Freischärler in Trebinje die Mosche gesprengt haben und die Menschen daran gehindert haben, den Brand zu löschen, da habe ich gespürt, was ich zu tun habe. Sehen Sie, deshalb bin ich Ihnen dankbar, dass Sie und Ihre Familie mir die Chance geben, Ihnen zu helfen und so vielleicht den Fluch loszuwerden."

„Allah möge Sie belohnen, Dragana! Sie sind ein guter Mensch!"

„Danke. Ich hoffe, ich kann Ihnen helfen und nach Ihnen noch möglichst vielen anderen auch."

„Insha'Allah, es wird gelingen. Das Leben geht weiter, wie es geschrieben steht."

„Ja, für uns hier in Montenegro und für Sie hoffentlich bald in Österreich, wie es eben geschrieben steht."

Ksenija

4. Februar 2003

Sie standen mitten im Tal und hörten, wie es unter ihnen knirschte und knackste. Erschrocken sah Srećko zu Ksenija und zum Bürgermeister, und in diesem Moment wussten alle drei, dass sie in Schwierigkeiten steckten.

In ernsthaften Schwierigkeiten!

Dabei hatte es keine fünfzehn Stunden vorher noch ganz friedlich ausgesehen. Vor fünfzehn Stunden, als Srećko und Ksenija gemütlich zu Hause gesessen waren und die Nachrichten im Radio gehört hatten.

„Wir erleben Geschichte", hatte Srećko nach den Nachrichten zu seiner Frau gesagt. „Heute hat das Parlament die Bundesrepublik Jugoslawien aufgelöst und eine neue Verfassung angenommen."

„Na und? Ist das für uns wichtig?", hatte sie gefragt.

„Natürlich, mein Herz! Eine Verfassung ist die Grundlage eines Staates, auf der alles andere aufgebaut ist. Jedes Gesetz, jede Verordnung, einfach alles Rechtliche geht immer auf eine Verfassung zurück. Ab heute haben wir eine neue Verfassung. Wir sind jetzt ein Staatenbund: Serbien und Montenegro. Und besonders spannend: Wir werden überhaupt bald ein unabhängiges Montenegro haben. Deshalb haben wir in unserem Staatenbund auch keine gemeinsame Hauptstadt und keine gemeinsame Währung: Hier bei uns zahlen wir mit Euro, nicht mehr mit Dinar."

Ksenija liebte ihren Mann, aber manchmal konnte er ganz schön anstrengend werden. Das war besonders dann der Fall, wenn er in Erinnerungen an seine Juristen-Studentenzeit in Belgrad und Prag zu schwelgen begann.

Sie konnte seine Emotionen zwar nicht ganz teilen, denn sie war deutlich praktischer und erdverbundener als er. Aber die langen Jahre der Ehe hatten sie gelehrt: Wenn sie jetzt ein wenig auf seine Marotten einging, dann waren sie rasch wieder vorbei.

„Was heißt: alles Rechtliche geht darauf zurück? Wenn ich in der Bäckerei unser Brot kaufe – was brauche ich dazu eine Verfassung?"

„Nun, beim Bäcker schließt du rechtlich gesehen einen Kaufvertrag. Und der gilt nur, weil es in der Verfassung direkt oder indirekt vorgesehen ist, dass man Kaufverträge schließen kann, was man alles kaufen kann und wie das Ganze dann rechtlich durchsetzbar ist."

„Himmel, Srećko! Kannst du normal mit mir reden? Deine Juristensprache mag ja bei deinen Kollegen verständlich sein, aber mir musst du das schon so sagen, dass ich damit auch etwas anfangen kann. Und überhaupt! Was soll der Unsinn? Einen Staat zu gründen ohne Hauptstadt! Einen Staat, wo man hier mit Euro bezahlt und dort mit Dinar! Wer ist auf diese Schnapsidee gekommen?"

„Das war die Europäische Union. Die will uns so ermöglichen, dass wir ohne Krieg selbständig werden können, wenn wir das wollen. In drei Jahren haben wir eine Volksabstimmung und wenn wir das dann immer noch so wollen, gibt es nach fast neunzig Jahren wieder ein vollkommen unabhängiges Montenegro. Zwar klein, aber unabhängig und selbständig! So soll verhindert werden, dass es zu einem Krieg kommt, wenn wir uns unabhängig erklären. Man hat aus den Fehlern der Slowenen, Kroaten und Bosnier gelernt."

„Die Europäische Union? Was haben die bei uns zu sagen?"

„Nichts und doch viel. Auch die Amerikaner sind mit dabei. In den letzten Wochen sind hunderte Europäer und Amerikaner bei uns durchs Land gereist und haben mit der Regierung in Belgrad und auch mit unseren Vertretern gesprochen. Ich habe selbst in der Arbeit mit einigen von ihnen zu tun gehabt, das weißt du ja. Der eine, von dem ich dir erzählt habe, ist dieser Brian, der golfverrückte Sonderbeauftragte der US-Regierung. Der war so begeistert von unserem Land, der würde hier am liebsten sogar ein Grundstück kaufen wollen und einen Golfplatz bauen, hat er erzählt. Das ist übrigens auch der, mit dem ich morgen wieder unterwegs bin."

„Na schön. Also, wir haben dank der Europäer und Amerikaner eine neue Verfassung. Ich werde das unserem Bäcker sagen, wenn ich wieder einen Kaufvertrag bei ihm abschließe", war in Ksenija dann doch ein Hauch von Ironie durchgebrochen.

Srećko und seine Juristerei!

Srećko sah so viele Dinge für wichtig an und war dann immer ganz geschockt, wenn andere das lockerer sahen.

Sie, Ksenija, war so bodenständig wie die meisten Frauen, die von einem Bauernhof stammten. Sie dachte immer an das Wichtigste zuerst und hatte trotzdem genügend Fantasie, auch ungewöhnliche Überlegungen anzustellen. Oft entpuppten sich diese Überlegungen im Nachhinein als zwar unorthodoxe, aber gute, weil pragmatische und umsetzbare Lösungen. Das musste auch Srećko zugeben, bei all seiner juristischen Erfahrung. Ksenija wusste das natürlich, aber sie ließ ihren Srećko reden, wenn ihm danach war.

Wirklich lästig war er Ksenija nur, wenn er sie überzeugen wollte. Das vertrug sie so gar nicht. Nicht, weil sie ihm nicht glaubte. Sondern, weil sie seine Überlegungen oft für weltfremd hielt und unwichtig für ihr tägliches Leben. Jetzt war wieder so eine Situation.

„Ach Ksenija, wie du nur Witze machen kannst bei so entscheidenden Dingen! Das ist wirklich bedeutend! Es ist doch nicht egal, wer was und wie kaufen kann! In dem Zusammenhang fällt mir übrigens eine unglaubliche Geschichte ein, die ich während des Studiums in Prag gehört habe. Sie ist bald nach dem Zweiten Weltkrieg in der Tschechoslowakei passiert, als das Land ebenfalls in einer Umbruchphase war:

Damals ist ein reicher Amerikaner durchs Land gefahren. Durch Zufall ist er bei einer wunderschönen Burg vorbei gekommen, die in der Nähe von Prag steht: Karlstein. Er hat sich erkundigt, ob die zu kaufen wäre und der Bürgermeister und die Dorfbewohner haben ihm daraufhin einen grandiosen Streich gespielt. Sie haben sich als Grafenfamilie ausgegeben, das ganze Dorf hat leibeigene Bauern gespielt und der angebliche Graf hat dem Amerikaner die Burg und das Dorf mitsamt den Bauern verkauft. Draufgekommen ist er erst, als die Tschechen längst mit dem Geld über alle Berge waren. Ist das nicht herrlich?"

„Und der Amerikaner hat sein Geld nicht zurück bekommen?"

„Ja, wie denn? Es waren ja alle weg, die daran beteiligt waren. Das Gericht hat ihm zu verstehen gegeben, dass er selbst schuld ist, wenn er solchen Unsinn glaubt."

Ksenija hatte den Kopf geschüttelt. „So blöd kann auch nur ein Amerikaner sein! Vermutlich war er auch noch ein Stadtmensch! Recht geschieht ihm, wenn er nicht weiß, was er mit seinem Geld machen soll!"

Das war am Abend gewesen.

In der Nacht hatte Ksenija nicht schlafen können. Sie hatte sich unruhig hin und her gewälzt und schließlich um vier Uhr früh ihren Mann geweckt.

„Srećko, ich muss dich etwas fragen!"

„Jetzt? Ist das so dringend?"

„Ja, denn du bist doch heute mit diesem Brian zusammen. Sag mir, was würdest du davon halten, wenn wir nach Serbien auswandern?"

„Wieso willst du auswandern?"

„Schau mal: Du bist Jurist und verdienst als Beamter trotzdem gerade so viel, dass wir leben können. Für das Haus haben wir einen riesigen Kredit aufnehmen müssen; wir sind verschuldet bis über beide Ohren. In drei Jahren sollen wir hier ein winzig kleines Land werden. Wie soll das denn wirtschaftlich gehen? Und vor allem: Wie soll das für uns gehen? Du hast doch selbst erzählt, dass sich einige der Clans längst die Macht im Land unter den Nagel gerissen haben und ihre Geschäfte machen. Und du hast auch erzählt, dass das ganze Rechtswesen den Bach hinunter geht, weil sich diese Clans benehmen wie die Mafia. Wirst du dann deine Arbeit im Rathaus behalten können? Willst du in einem solchen Land leben?"

„Das darfst du nicht so streng sehen, Ksenija. Das wird schon. Die EU wird uns unterstützen und wirtschaftlich schaut es gar nicht so schlecht aus, denn wir haben eine wunderschöne Küste, die für Touristen sehr attraktiv ist!"

„Ja, für die Orte an der Küste mag es gut ausschauen, wenn Touristen kommen. Aber wer soll sich denn hierher zu uns verirren? Was haben wir davon, wo wir kaum eine brauchbare Straße haben, wo wir im Winter manchmal wochenlang von der Umwelt abgeschnitten sind und es nicht einmal überall Strom gibt? Selbst wenn du deine Arbeit behältst: Wer im Rathaus soll dir denn künftig dein Gehalt bezahlen? Und wenn du in fünf Jahren in den Ruhestand gehst: Wer wird dir eine Rente zahlen können? Das neue winzige Montenegro etwa? Unsere kleine Stadt hier? Wovon sollen wir dann leben? Wovon sollen wir dann die Raten fürs Haus bezahlen?"

Srećko war nachdenklich geworden.

Irgendwie hatte Ksenija mit ihren Überlegungen nicht ganz unrecht, das musste er schon zugeben, selbst wenn ihre Methoden manchmal etwas unorthodox oder in einem gewissen rechtlichen Graubereich waren. Und so hatten sie den ganzen Morgen damit verbracht, Pläne zu schmieden, wie sie schnell zu genügend Geld kommen könnten, um nach Serbien auszuwandern und dort den Rest ihres Lebens in Ruhe – und wenn es sein musste, in Anonymität – zu verbringen.

Doch jetzt standen sie wie gelähmt da und unter ihnen knirschte das Eis. Und über ihnen schwebten eine ungute Vorahnung und Angst.

Die ungute Vorahnung betraf Schwierigkeiten. Die Angst wiederum betraf die Folgen der unguten Vorahnung.

Sie wussten es mehr, als sie es ahnten: Sie würden nicht einfach nur gerichtliche Probleme bekommen, sondern Schwierigkeiten in Form von großen, starken Männern in schwarzen Lederjacken!

Dabei hatte es auch vor fünf Stunden noch vollkommen friedlich ausgesehen.

Da hatte Srećko nämlich im Rathaus Brian getroffen, den Amerikaner, der sich mit den Bürgermeistern der umliegenden Orte noch wegen der bevorstehenden Änderungen austauschen wollte. Srećko, als der zuständige Provinzsekretär, hatte das Treffen organisiert und die Gelegenheit zu einem Versuch genutzt, Brian so reinzulegen, wie seinerzeit die Tschechen den Amerikaner.

Der Bürgermeister war ebenfalls mit dabei gewesen und hatte mitgeholfen, Brians Interesse zu wecken. Wobei fairerweise dazu gesagt werden muss, dass der Bürgermeister durchaus seine Bedenken hatte, denn er hielt Brian für gerissener als er aussah. Er wusste auch, dass Brian mit einigen der weniger skrupellosen Clans in Montenegro engere Kontakte hatte, als es seiner Regierung recht sein konnte. Sich mit solchen Clans anzulegen, war nicht ratsam, denn die schlugen zuerst zu und fragten – wenn überhaupt – erst nachher. Genau solche Clans waren Brians Freunde in Montenegro! Aber das sollte ja unwichtig sein, wenn alles glatt ging. Und wenn Brian mitspielte.

Brian.

Brian war aus Boston und hatte dort in einer Computerfirma großes Geld verdient, also wirklich sehr, sehr viel Geld. Irgendwann war er dort trotz seiner noch recht jungen Jahre aus der Firma ausgeschieden und hatte dem jetzigen Präsidenten der USA für den Wahlkampf mehrere Millionen Dollar an Unterstützungsgeldern gespendet. Als Dank hatte ihn der Präsident nach der Wahl als einen Sonderbeauftragten für den

Balkan ernannt und seither reiste Brian durchs Land, knüpfte Kontakte und war einfach nur wichtig. Wichtig für sich und wichtig für die Menschen, mit denen er hier seine Geschäfte anbahnte. Und nun hätte er für Srećko und Ksenija und den Bürgermeister wichtig werden sollen.

Hätte!

Die Betonung liegt auf „hätte"!

Denn anfangs war alles nach Plan gelaufen.

Srećko hatte Brian heute Vormittag darauf angesprochen, dass er vor einiger Zeit den Wunsch geäußert hatte, in Montenegro ein Grundstück zu erwerben und den ersten Golfplatz des Landes zu bauen. „Ist das wirklich so?", hatte Srećko gefragt.

„Sure! Montenegro ist aine wonderfolle Lahnd!", hatte Brian sofort geantwortet.

„Ich weiß, dass in einem Tal, außerhalb unserer Stadt, der Grundbesitzer alles verkaufen und wegziehen will. Er ist nämlich Serbe und will sich, weil Montenegro in ein paar Jahren unabhängig sein wird, jetzt schon ganz nach Serbien zurückziehen. Meine Frau ist mit ihm in die Schule gegangen und mit ihm befreundet. Deshalb hat er sie beauftragt, einen Käufer zu finden und das Grundstück zu verkaufen. Das wäre ein ideales Gelände für einen Golfplatz!"

„Er ist einer der reichsten Männer im ganzen Umland", hatte der Bürgermeister ergänzt. „Er findet es selbst jammerschade, dass er weg will, denn für das ausgedehnte Areal bekommt er jetzt nur einen lächerlichen Kaufpreis. Aber die politischen Umstände eben ... In einigen Jahren ist das alles vermutlich das Zehnfache wert, aber von uns hier hat niemand auch nur annähernd ausreichend viel Geld."

Brian war spontan sehr interessiert. Ihm bot sich eine günstige Gelegenheit, wie das nicht oft im Leben vorkam. Und so hatten der Bürgermeister und Brian kurzerhand zuerst Ksenija abgeholt und waren dann zu viert über eine schmale unbefestigte Straße ins Nebental gefahren.

Brian hatte gestaunt, als sie durch einen engen Taleingang gekommen waren und sich dahinter ein wunderschönes breites Tal geöffnet hatte.

„So muss Moses gefühlt haben, als er nach seiner Wanderung Kanaan erblickte!", rief er begeistert aus. Da war etwas dran, denn das Tal musste für jemanden, der aus Boston kam, wie ein Paradies auf Erden wirken. Links und rechts strebten baumbestandene, schneebedeckte Berge in die Höhe. Berge, wohin das Auge reichte. Dazwischen lag unter unberührtem Schnee eine weite, völlig ebene Talsohle. Was man aber nicht sehen konnte: Die gesamte Talsohle bedeckte in Wirklichkeit ein riesiger flacher See, der im Sommer von den Bewohnern der umliegenden Dörfer und Städte als Badesee benutzt wurde. Jetzt, Anfang Februar, war er zugefroren, schneebedeckt und damit unsichtbar.

Brians Begeisterung war nicht mehr zu halten gewesen, als er erfahren hatte, dass das gesamte Tal zum Verkauf stünde. Er hatte sofort gewusst, was damit zu tun war:

Hier wollte er ein Golfresort errichten, mit einem Luxushotel unter Einbeziehung der alten Burgruine am Hang oben und einem traumhaften Golfplatz mit großzügiger Driving Range in der Talsohle! Das erste wirkliche Luxusgolfresort am ganzen Balkan! Vor dieser unvergleichlichen Bergkulisse musste das einzigartig werden! Damit könnte er – zusätzlich zu dem, das er schon hatte – ein weiteres Vermögen verdienen. Natürlich bräuchte es dafür eine verlässliche Stromversorgung und eine vernünftige Straßenanbindung und ausreichend geschultes Personal.

Srećko und der Bürgermeister hatten ihm versichert, dass sie alle Infrastruktur, die nötig wäre, durch ihre Stadt zur Verfügung stellen wollten. Sie als Verantwortliche wären sehr daran interessiert, dass ein so wohlhabender und gebildeter Mensch wie Brian sich hier niederließe und ein so zukunftsorientiertes Projekt umsetzen wollte. Schließlich würde das ja auch eine Menge Arbeitsplätze in ihre Stadt bringen.

Brian war mit ihnen zu der kleinen Burgruine auf den Hang geklettert und hatte sich im Geist vorgestellt, wo die Gästezimmer sein würden, wo die Sonnenterrasse des Restaurants, wo die Rezeption, wo das Clubhaus und wo der Parkplatz. Von hier oben hatten sie ausgiebig die breite, ebene Talsohle betrachtet und Brian hatte schon den Golfplatz und eine großzügige Driving Range vor Augen.

Auf der zukünftigen Sonnenterrasse hatte sein Schwärmen keine Grenzen mehr, denn er hatte erkannt, dass der Bau des Golfplatzes unglaublich günstig würde. Ein so ebenes Gelände inmitten der Berge war einfach Gold wert. Denn das Teure an der Anlage eines Golfplatzes nach amerikanischem Vorbild war üblicherweise die sehr aufwändige Einebnung des Bodens und das anschließende Errichten künstlicher Hügel. Da konnte es schon vorkommen, dass mehrere tausend LKW-Ladungen Erde bewegt werden mussten. Was das an Geld verschlingen konnte, war unvorstellbar, selbst in einem Land mit niedrigen Löhnen wie hier in Montenegro. Denn oft stellten sich erst während der Einebnung des Bodens geologische Probleme ein, die die Kosten noch weiter in die Höhe trieben. So manches Golfplatzprojekt war deshalb schon mitten im Bau überschuldet und musste eingestellt werden.

Aber hier war schon alles perfekt, als hätte jemand vorgearbeitet! Man konnte alles so lassen wie es war und nur eine größere Anzahl künstlicher Hügel aufschütten, um einen amerikanischen Golfplatz anzulegen. Der Kaufpreis war lächerlich angesichts dessen, was sich Brian durch die weite bergumstandene Ebene ersparen würde.

Und dann waren sie durch den Schnee hinunter gegangen, auf die Talsohle, dorthin, wo einmal die Driving Range sein sollte. Hier war es genauso, wie es Brian von oben schon gesehen hatte: Vollkommen flach und schneebedeckt. Brian hatte sofort das Scheckbuch gezückt, einen Anzahlungsbetrag von zehn Prozent des Kaufpreises unterschrieben und Ksenija den Scheck für den auswanderungswilligen Serben gegeben.

Ja, und das muss der guten Ordnung halber auch gesagt werden, dann war da auch noch ein zweiter Scheck in ebenfalls nicht unwesentlicher Höhe. Den hatte er dem Bürgermeister gegeben für dessen künftige persönliche Bemühungen, wenn es dann später darum gehen sollte, unbürokratisch Stromleitungen legen zu lassen, eine Zufahrtsstraße zu bauen und was sonst noch so anfallen würde.

Als sie dort in der Ebene gestanden und Brian kauf- und glückstrunken über die schneebedeckte Talsohle seines neuen Besitzes getanzt war, ja, da war es passiert:

Brian war plötzlich ausgerutscht auf dem Eis, das unter dem Schnee verborgen war. Unter seinem stattlichen Gewicht hatte es geknackst, das Eis hatte nachgegeben und Brian war mit einem Fuß in dem versunken, was er für eine ebene Talsohle gehalten hatte.

Zuerst hatte er erschrocken und überrascht seinen nassen Fuß wieder herausgezogen. Fragend hatte er zu seinen Begleitern gesehen, die mit hochroten Köpfen so wie er hörten, dass das Eis unter ihnen nun weiter knirschte und knackste und so den ganzen Schwindel aufdeckte. Also, zumindest den Schwindel mit der angeblich perfekten Talsohle. Aber Brian hatte eins und eins zusammengezählt und es war ihm sofort klar gewesen, dass der ganze Verkauf des Tales ein Schwindel sein musste. Danach hatte er rasch zu seinem Mobiltelefon gegriffen und eine eingespeicherte Nummer gewählt.

Ksenija, Srećko und der Bürgermeister standen wie gelähmt da, starrten auf Brian und wussten ohne eine Frage zu stellen, mit wem der telefonierte.

Und sie wussten auch, dass Brians Freunde bald aufkreuzen würden und sie, wie gesagt, in Schwierigkeiten steckten.

In ernsthaften Schwierigkeiten!

SLAVA

11. November 2006

Slavko hörte erst ein Knirschen unter sich, dann ein lautes Knacksen, das zu einem dröhnenden Brechen wurde und sah fassungslos, wie der Boden des ersten Stocks langsam unter ihm nachgab. Wie in Zeitlupe rutschte die frisch aufgezogene Wand zwischen dem neuen Badezimmer und dem neuen Schlafzimmer in die darunter liegende Stube. Gleich danach brach der Holzboden des Schlafzimmers weiter auf und klappte nach unten, wodurch der schwere Schrank aus vollem Eichenholz, den er gerade erst aus Serbien geholt hatte, in die Tiefe rutschte, wo er hart am Boden aufschlug und mit einem lauten Krachen in mehrere Trümmer zerbarst.

Der hochwirbelnde Staub nahm Slavko jede Sicht. Erst als er sich etwas gelegt hatte, sah Slavko durch die soeben entstandene Öffnung im Boden, dass unten in der alten Stube auch die gesamte Einrichtung des neuen Badezimmers lag. Sein ganzer Stolz, auf den er sich so lange gefreut hatte: Die mit weißem Kunststoff überzogene Badewanne mit den Wasserdüsen, die die Funktion eines Whirlpools nachempfinden sollten, das große Doppelwaschbecken für ihn und seine Slava, die Holzregale, auf denen er ihre Handtücher und die gute Hautcreme für seine Frau stellen wollte. Und unter den neuen Möbeln lagen die alten, diese wie jene spätestens seit heute nicht mehr ganz neuwertig.

„Wie werde ich das Slava erklären?", stammelte er fassungslos. Unfähig sich zu bewegen starrte er in die Tiefe. Erst ein Rufen holte ihn nach einer Weile aus der Erstarrung:

„Slavko! Ist alles in Ordnung?"

Schon hörte er vom Eingang her ein Poltern und Keuchen und dann sah er durch die Öffnung im Boden seinen alten Schulfreund Miro. Dieser wohnte, seit er im Ruhestand war, in Kotor, hatte aber gerade in der Nähe zu tun gehabt und wollte, wie alle heiligen Zeiten einmal, eigentlich nur spontan bei Slava und Slavko vorbei sehen.

„Miro!", rief Slavko, „kannst du mir helfen, das in Ordnung zu bringen?" – „Was meinst du mit „in Ordnung bringen"?" – „Na, das Loch hier oben zuzumachen!"

Miro sah Slavko erstaunt an: „Du meinst, den Schutt hier unten wegzuräumen?" – „Ja, das auch. Aber danach den neuen Boden hier oben zu reparieren."

„Ist Slava etwas zugestoßen?", erkundigte sich Miro besorgt. „Wo ist sie denn?" – „In Bijelo Polje, bei unseren Kindern." – „Gott sei Dank, dann ist ihr ja nichts passiert!"

„Miro, kannst du mir helfen, das hier auszubessern, bevor Slava zurückkommt?", bat Slavko verzweifelt. – „Wie meinst du das: bevor sie zurückkommt? Wann kommt sie denn zurück?"

„Erst in einer Woche. Sie passt gerade auf unsere Enkel auf, weil Milena doch die meiste Zeit als Pflegerin im niederösterreichischen Horn arbeitet und Rado mit dem Lastwagen wieder eine lange Tour hat. Du weißt ja, wie gerne sie das tut. Sie geht in ihrer Rolle als Großmutter so auf wie früher ihre eigenen Großeltern Marijana und Rajko."

„Na ja, den Schutt werden wir schon wegbekommen. Aber das Loch in der Decke? Ich weiß nicht! Und in nur einer Woche! Das schaffen wir nie, abgesehen davon, dass wir beide keine Maurer sind! Da wirst du besser nach Kolašin gehen und Novakovič, den Baumeister fragen, meinst du nicht?"

„Miro, mein Freund und Schwager, den kann ich doch nicht bezahlen! Alles Geld hab ich doch für die Einrichtung und das Baumaterial für den Aufbau verwendet!" – „Was machst du überhaupt da oben, Slavko?"

Ja, was machte er überhaupt da?

Eine gute Frage!

Die banale Antwort wäre gewesen: auf unser Haus ein oberes Stockwerk aufbauen.

Aber das wäre zu einfach gewesen und dem Vorhaben nicht gerecht geworden. Denn genau genommen wollte Slavko das alte, kleine und manchmal feuchte Häuschen in ein schönes, neues Nest für sie beide verwandeln. So eines, wie sie es in Horn gesehen hatten, als sie Milena einmal in Österreich bei ihrer Arbeit besuchten:

Ein Haus mit einem großen Badezimmer, in dem Platz für sie beide war, selbst wenn sie es gleichzeitig benutzen wollten. Ein Haus mit einem geräumigen Wohnzimmer und einem Schlafzimmer, durch dessen großflächige Fenster man die Berge von Mojkovac sehen konnte. Ein Zimmer, in dem man im Winter auch beim ärgsten Schneetreiben wohlig und trocken an einem Kachelofen sitzen konnte und den müden Schein der Straßenlampen draußen ahnen konnte.

Doch nein, auch das wäre der Absicht noch nicht gerecht geworden: Ganz genau genommen wollte Slavko nämlich seiner Slava nach den fünfzig Jahren, die sie jetzt zusammen waren, jene Spur von Luxus bieten, von dem sie beide schon so lange geträumt hatten, ohne diesen Traum auszusprechen. Er hatte in Slavas Augen das bewundernde Leuchten gesehen, als sie in Horn in das schöne Haus gegenüber der Kirche eingeladen waren. Slava war verzaubert gewesen, besonders von den herrlichen Kachelöfen, wie man sie in so vielen Häusern hier sehen konnte! Kein Wunder, dass Milena immer von der Lebensqualität hier schwärmte, obwohl sie hart arbeiten musste und so oft und lange von ihrer Familie getrennt war. Aber das gute Geld, das sie so verdienen konnte, war die Mühen und die langen monatlichen Reisen zwischen Mojkovac und Horn allemal wert. Bei dieser Gelegenheit also hatte Slava ihren Traum von einem Haus gesehen und er, Slavko, hatte Slavas stumme Sehnsucht gespürt.

Und nun? Worauf sollten sie denn noch warten? Sie waren beide über siebzig. Slava hatte ihm ein Leben lang getreu und liebevoll zur Seite gestanden, aber in letzter Zeit war sie oft ein bisschen kränklich, und es liegt ja immer alles in Gottes Hand! Deshalb hatte er, als Slava wieder einmal in Bijelo Polje die Enkel hütete, heimlich den Bus nach Podgorica genommen und war mit dem Sparbuch und einem Ausweis stolz in die Bank gegangen und hatte die gesamten Ersparnisse abgehoben. Das war ein großer Packen Euro, den er hier bekommen hatte, ein sagenhafter Reichtum für einen pensionierten Waldarbeiter wie ihn.

Damit war er direkt von der Bank in ein großes Sanitärgeschäft gegangen. Dort hatte er bestellt, wovon sie immer geschwärmt hatten, seit sie in Vrnjacka Banja eine Kur gemacht hatten, damals, als es noch Jugoslawien geheißen hatte, und nicht Serbien. Mit dem verbliebenen Geld hatte er später in Prijepolje Möbel aus massivem Eichenholz für ihren Schlafraum bestellt. Und in Kolašin hatte er das Baumaterial gekauft, das er benötigte.

Als Slava etwas später erneut nach Bijelo Polje gefahren war, um sich in den nächsten vier Wochen um die Enkel zu kümmern, da machte er sich gemeinsam mit ein paar Nachbarn daran, das Dach abzutragen und oben auf das Haus ein neues Stockwerk zu setzen. Auch wenn der November kein günstiger Monat zum Bauen war, weil es dann schon sehr kalt werden konnte – Slavko wollte einfach nicht bis ins nächste Frühjahr warten.

Es wäre ja alles glatt gegangen und seine Slava hätte wohl nur so gestaunt und die Freude nicht fassen können. Der obere Stock war zur Gänze fertig gebaut und verputzt und das Dach war wieder aufgesetzt und mit den neuen Wänden fest verbunden. Sogar die Badewanne hatte er schon ans Wasser angeschlossen, ebenso das Waschbecken. Im Schlafzimmer standen bereits der neue Eichenholzschrank und das Eichenholzbett, die Wände waren bemalt und an der Wand stand – so wie sie es in Horn gesehen hatten – ein wunderschöner großer Kachelofen! Im Bad waren die Fliesen gelegt und teilweise sogar gefugt, schöne weiße und rote Muster, so wie Slava es liebte.

Doch dann, ja dann – wahrscheinlich hätte er nicht die alte Stube im Erdgeschoß so drastisch vergrößern sollen! Denn dazu hatte er die alte Mauer weg gerissen, die die Stube vom alten Schlafzimmer getrennt hatte. Genau hier, wo früher die Wand gestanden hatte, klaffte jetzt das Loch im Boden des neuen Stockwerks.

Dabei war das mit der abgetragenen Wand ein später Einfall gewesen, der sich erst während des Umbaus ergeben hatte. Sie hatten so schnelle Fortschritte gemacht, dass sie sicher waren, auch das noch leicht fertig zu bekommen, bevor Slava zurück kommen würde. Zwar hatte ihm der obere Nachbar, Blagoje, von der Idee abgeraten. Aber Bogdan, der untere Nachbar, war sicher, dass die Idee hervorragend funktionieren müsste. Da Bogdans Meinung sich ganz mit Slavkos Vorstellungen gedeckt hatte, hatten sie die Mauer im Erdgeschoss weggerissen. Das war gestern gewesen. Heute wollte er eigentlich nur mehr die Fugenmasse zwischen die Fliesen schmieren und der neue Stock wäre so gut wie fertig gewesen. Doch dann hatte es plötzlich unter ihm geknirscht ...

„Slavko, träumst du? Was machst du denn da oben? Und seit wann habt ihr denn ein oberes Stockwerk?"

„Ach, Miro, das ist eine lange Geschichte. Jetzt muss ich das hier wieder in Ordnung bringen, bevor Slava aus Bijelo Polje zurück ist."

Inzwischen waren auch einige Nachbarn hinzugekommen und standen gestikulierend und diskutierend um das Haus herum. Einige, wohl die Mutigeren, kamen ins Haus, waren allerdings sehr darauf bedacht, dass sie nicht von eventuell noch herabstürzenden Mauertrümmern getroffen werden konnten.

Slavko und Slava waren gute, hilfsbereite und beliebte Menschen. Das machte sich nun bezahlt, denn nach einigen langen Minuten der allgemeinen Ratlosigkeit packte jeder der Nachbarn ohne lange zu fragen mit an. Sie brachten Holzpfeiler, stützten die Decke ab, damit sie nicht weiter einstürzen konnte, räumten den Schutt und die zerstörten Möbel weg, lagerten alles auf einem großen Haufen in der Wiese und machten das Haus sauber. So sauber es eben ging, mit dem Loch in der Decke des Erdgeschosses. Dann verputzten sie das Haus außen und trugen sicherheitshalber eine Schicht mehr von der roten Verputzfarbe auf, als notwendig. Wenn es schon innen etwas mangelhaft war, so sollte es doch wenigstens außen ein Schmuckstück sein. Nach zwei Tagen waren sie damit fertig. Milena, Blagojes Frau, ging am Ende innen sogar zuerst mit einem feuchten und dann mit einem trockenen Tuch über die Möbel und Gegenstände, die noch im Haus verblieben waren. Und Blagoje setzte noch eins drauf, denn er rieb sorgfältig Leinöl auf alle Flächen der Holzmöbel, um sie so vor Staub und Feuchtigkeit zu schützen.

Während des zweitägigen gemeinschaftlichen Anpackens trösteten sie Slavko immer wieder, dem es das Herz abschnürte, weil er mit ansehen musste, wie seine Ersparnisse sich in Schutt verwandelt hatten und nun auf die Deponie außerhalb von Mojkovac gebracht wurden. Als sie schließlich mit dem Wegräumen, Aufräumen und Saubermachen fertig waren, und als sie sahen, dass Slavko noch einiges mehr an Trost vertragen könnte, brachten mehrere von ihnen ein paar Flaschen Rakija. Wenige Stunden später hatte kaum noch jemand das Gefühl, dass hier etwas Schlimmes passiert wäre und es stellte sich eine gewisse allgemeine Leichtigkeit und Fröhlichkeit ein. Dazu trug sicher auch Mitke bei, der auf seinem Akkordeon für gute Stimmung sorgte. Ein außenstehender Beobachter hätte eher auf ein Richtfest getippt, als auf ein kommunales Schuttkommando.

Als Slava eine Woche später mit dem Bus aus Bijelo Polje nach Hause nach Mojkovac kam, traute sie ihren Augen nicht:

Ihr altes Haus hatte einen Aufbau bekommen und ein neues Dach. Slavko saß ruhig auf der Bank vor dem Haus, rauchte eine Pfeife, aber er wirkte nicht glücklich.

„Ja, was ist denn da geschehen? Hast du unser graues Haus in ein rotes Schloss verwandelt, dragi moje, mein Liebling?" Slava fiel ihrem Slavko mit einem Kuss um den Hals, der einem deutlich jüngeren Paar Ehre gemacht hätte. – „Gefällt es Dir denn, srce moje, mein Herz?", fragte Slavko zögernd. Er wusste, er musste seine Frau schonend vorbereiten: „Weißt du, es ist nicht ganz so geworden, wie ich wollte."

„Na ja, die rote Farbe ist vielleicht etwas kräftig, aber das bleicht ohnehin mit der Zeit aus."

„Nun, außen ist es schon wie ich wollte, aber innen ist es noch nicht ganz perfekt", war Slavko jetzt recht kleinlaut. „Schau es dir einmal in Ruhe an und dann lass uns planen, was wir machen, ja?"

Slava wurde unsicher. So kannte sie ihren Slavko ganz und gar nicht. Er wusste immer, was er wollte und er wusste das auch immer zu erreichen. Wenn er sie so vorsichtig ansprach, dann musste etwas im Busch sein.

Nach dem Grund für Slavkos Zögern spähend, blickte sie hinauf zum Dach, sah die großen Fenster im oberen Stock, die schönen Aluminiumrahmen, die glatten Regenrinnen. „Aber was! Es ist perfekt! Es ist wunderschön! Du obešeniak, du alter Schlingel du!"

Dann näherte sie sich dem Eingang. Slavko schickte ein Stoßgebet zum Himmel und hielt die Luft an.

Slava trat durch die Tür.

Ein Donnerhall dröhnte durch Mojkovac: „Was ist das!?"

Slavko fühlte, wie sein Herz viel weiter unten schlug als sonst. Der Donner hallte weiter:

„Was hast du mit unserem Haus gemacht? Bist du verrückt geworden?"

Im Bemühen, den Donner einzudämmen, stammelte Slavko seine in den letzten Tagen vorbereitete Erklärung.

„Ach mein Herz, weißt du, da ist uns etwas ganz Unvorhersehbares passiert. Die Lücke wird bald wieder zu sein", spielte Slavko das klaffende Loch in der Decke herunter. „Und dann werden wir auch die Stützpfeiler nicht mehr brauchen. Und schau, dann werden wir hier einen großen Wohnraum statt unserer Stube und dem Schlafzimmer haben."

„Du Sohn einer Ziege und eines Esels! Willst du, dass wir jetzt wie in einem Stall leben müssen?"

„Mein Liebling, du wirst sehen, das wird bald wieder wie früher. Was sage ich, wie früher: viel schöner noch als früher!"

„Wann ist bald?"

„Weißt du, das muss ich erst mit dem Baumeister besprechen."

„Warum hast du das nicht schon längst getan?"

„Also, da gibt es ein kleines Problem: der wird Geld haben wollen."

„Dann nimm unser Sparbuch, fahr zur Bank und hol was wir brauchen!"

„Mein Schatz, ich muss dir sagen, da gibt es ein weiteres kleines Problem", rückte Slavko scheibchenweise mit der Wahrheit heraus. Aus irgendeinem Grund traf seine Strategie bei Slava aber nicht auf offene Ohren und ihm blieb nur mehr ein möglichst ehrenvoller Rückzug, wollte er nicht von einem Blitz aus dem Donnergrollen getroffen werden.

Der Rückzug hatte ein Ziel: Bogdan!

Der hatte ihm doch die ganze Sache mit dem Mauerabriss erst eingeredet! Der müsste doch wenigstens ein Wort für ihn beim Baumeister einlegen können, denn er war ja mit dem Baumeister Novakovič zur Schule gegangen und hatte einen guten Draht zu ihm.

Slavko rettete sich also zu Bogdan, auch wenn er wenig Hoffnung hatte, dass der wirklich etwas für ihn beim Baumeister erreichen könnte. Aber wenigstens war er bei Bogdan außer Reichweite seiner geliebten Slava und würde seinerseits gleich einen beinahe ebenso geliebten Rakija in seiner Reichweite haben.

So kannte er sie gar nicht, seine Slava. Sie war doch immer eine ruhige, gefasste Frau gewesen, die ihn nur ganz selten kritisierte. Sicherlich, das mit dem Loch in der Decke oder im Boden, je nachdem, von wo aus man hindurch sah, war nicht gerade eine Ideallösung. Aber irgendwann würden sie wieder – *Darauf trinken wir jetzt!* – eine Toilette und ein Waschbecken haben, wenn er auch jetzt nicht genau wusste, wann und wie das sein würde und wie er das bezahlen sollte.

Bis dahin hatten sie immer noch das Plumpsklo und den Brunnen im Garten – *Es lebe das Plumpsklo!* Das war ja früher auch lange Jahre gut genug gewesen. Wieso sollte es jetzt plötzlich nicht mehr reichen? Es war dann eben eine Zeit lang so wie früher – *Auf die Gesundheit!*

Früher.

Das war, als sie das Haus hier gekauft hatten, als Slavko begonnen hatte, in Mojkovac als Waldarbeiter zu arbeiten. Die Bank hatte ihnen das Geld geliehen und jeden Monat war Slavko nach Titograd gefahren, wie damals der Name von Podgorica war, und hatte einen Packen Dinarscheine hingebracht, um den Kredit abzuzahlen. Nach zwanzig Jahren hatte das Haus dann ihnen gehört, und niemand konnte es ihnen nun mehr wegnehmen. Andererseits – *sehr zum Wohl* – wer würde ihnen denn schon ein Haus wegnehmen wollen, noch dazu – *ja, auf die Zukunft* – ein Haus mit keinem Boden zwischen dem Erdgeschoß und dem oberen Stockwerk. Hihi! Wer würde denn ein Loch kaufen wollen? Also, im Ernst! Egal! Es wird schon wieder werden! *Prosit, mein Freund!*

Eine halbe Flasche Rakija später – die andere Hälfte hatte Bogdan getrunken – ging Slavko beherzt und mutig nach Hause. Vor der Türe lagen eine Bettdecke im Gras und ein Polster.

Er klopfte.

Nichts.

Er klopfte wieder.

„Du kannst draußen schlafen!"

„Slavka, mein Schätzchen, komm lass mich doch rein!"

„Du hast unser Haus zerstört! Du hast mein Leben zerstört!"

„Aber mein geliebter Schatz, das wird schon wieder in Ordnung kommen!"

„Wie soll das in Ordnung kommen, du hoffnungsloser Träumer? Wir haben kein Geld für den Baumeister, wir haben kein Geld für neue Möbel und unsere alten Möbel sind auch zerstört! Alles, was wir haben, ist ein Riesenloch in einem Haus, das jeden Moment völlig zusammenstürzen kann!"

„Keine Angst, da wird nichts weiter einstürzen! Wir haben ja die Stützpfeiler gesetzt, und die sollten wirklich gut halten. Bogdan hat sie angesehen und für gut befunden."

„Bogdan? Dieser ahnungslose Schwachsinnige? Der hat diese Stützpfeiler für gut befunden? Ausgerechnet der, von dem du die Idee mit dem Mauerwegreißen hattest!", riss Slava die Tür auf. „Und da willst du mich in diesem Haus schlafen lassen, dass mir der traurige Rest des Hauses auf den Kopf fällt? Das würde dir so passen, wie? So willst du mich also loswerden, du Verbrecher! Diesen Gefallen werde ich dir nicht machen! Ich werde draußen schlafen und nicht drinnen. Du sollst ja nicht glauben, dass ich es nicht bemerkt habe, wie du heimlich dieser aufgetakelten Schlampe Blaženka nachgeschaut hast! Das war ein ganz schön ausgeklügelter Plan von dir, aber so dumm bin ich noch lange nicht, dass ich darauf reinfalle! Los, rein mit dir! Lass dir die Decke selber auf den Kopf fallen!"

Slavko machte einen vorsichtigen Schritt auf Slava zu.

„Wage es nicht, dich mir zu nähern! Bleib mir ja vom Leib, du Mörder!"

Eingeschüchtert verhielt Slavko seinen Schritt. Mit einem Schlag war die Leichtigkeit in seinem Kopf einer liebenden Besorgnis gewichen. So kannte er seine Slava nicht. Sicher, sie war manchmal etwas beharrlich, aber meistens doch eher ruhig, aufgeschlossen und hatte überlegte Reaktionen. Außer, wenn Slavko sie mit seinen spontanen Ideen überraschte, das musste er sich eingestehen. Dann verharrte sie manchmal ablehnend in einer Willensstärke, daran könnte sich selbst der Erzengel Michael noch ein Beispiel nehmen.

Natürlich, das Loch war ärgerlich, mehr als ärgerlich. Aber es war noch immer gut gegangen und irgendwie hatten sie noch aus jedem Schlamassel einen guten Weg gefunden. So heftig musste seine geliebte Slava nun also nicht reagieren, fand Slavko. Er versuchte, ihren Zorn und ihre Wut zu besänftigen, als sie entschlossen ihr Lager auf der Wiese vor dem Haus richtete.

„Es ist kalt draußen, Slava, mein Sonnenschein! Wir haben Mitte November! Du weißt, die Nächte können jetzt schon sehr kalt sein, da kann es auch ganz leicht frieren! Für morgen rechnen sie sogar mit Schnee in den Bergen."

„Das kann dir ja nur recht sein. Schick mich nur hinaus in die Kälte, wo ich mir den Tod hole. Das hättest du dir so gedacht. Aber du sollst in deinem Leben keine Freude mehr haben. Ich lege mich jetzt hier hin, und wenn ich morgen aufwache und erfroren bin, dann kannst du sehen, wo du bleibst!"

Slavko gab auf, schlich vorsichtig in einem Bogen um Slava herum und zog sich ins Haus zurück.

Heimlich sah er aus dem Fenster und beobachtete seine Frau, wie sie sich tatsächlich ins kalte Gras unter die Decke legte. Eine Weile nahm er wahr, wie sie vor sich hin schimpfte, doch dann wurden die Geräusche, die aus ihrer Richtung an sein Ohr drangen, regelmäßiger und man konnte sie auch für ein leises Schnarchen halten.

Vorsichtig öffnete Slavko die Türe und wartete. Keine Reaktion von Slava. Zögernd näherte er sich ihr, langsam und immer darauf vorbereitet, die Flucht ergreifen zu müssen. Doch Slava schlief tief. Vorsichtig kroch er zu ihr unter die Decke und kuschelte sich liebevoll an sie, um sie zu wärmen.

Denn, wie gesagt, die Novembernächte können kalt sein, in Mojkovac.

Rado

1. April 2007

„Šta idioti! Was für Idioten", fluchte Rado, als er auf der A81 knapp hinter der schweizerisch-deutschen Grenze zur Kontrolle auf die Seite gewunken wurde. In diesem Moment war ihm nämlich klar geworden, was ihn beim Beladen seines Lastwagens in Basel unbewusst gestört hatte.

„Šta idioti za orgoman! Was für riesige Idioten", wiederholte er aus tiefstem Herzen.

Damit meinte er nicht etwa die Zollbeamten, die ihn gleich kontrollieren würden, sondern die Verladearbeiter in der Lagerhalle. Blitzartig hatte Rado nämlich jetzt das Bild der Ware vor Augen: Nicht Gastronomiedosen „Olive dall'Italia" waren in Basel in den Lastwagen geschlichtet worden, sondern „Sauerkraut aus deutschen Landen". Das musste der dümmste Zollbeamte bemerken, dass da etwas nicht stimmen konnte, denn gemäß den Transportpapieren sollte er Oliven nach Berlin transportieren!

Außerdem: Sauerkraut aus der Schweiz nach Deutschland zu liefern war ungefähr so sinnvoll wie Sand in die Sahara zu bringen. Oder Cevapcici nach Bijelo Polje. Oder Schnee nach Grönland. Wobei sich letzteres wegen der Erderwärmung bald ändern könnte, wie die Zeitungen neuerdings immer öfter schrieben.

Rado blinkte brav und fuhr den Lastwagen vorschriftsmäßig rechts an den Straßenrand, glitt routiniert lässig aus der Fahrerkabine und übergab dem Zollbeamten demonstrativ gelangweilt die Papiere.

Dieser nahm sie, begutachtete misstrauisch den montenegrinischen Führerschein, verglich das Bild darauf mit Rados Gesicht, prüfte die Übereinstimmung von Autokennzeichen, Fahrzeugpapieren und Transportpapieren, kontrollierte die Plombierung an der Ladebordwand und klopfte prüfend gegen die Radkästen. Alles schien in Ordnung zu sein, sogar die Reifen hatten genügend Profil. Das ging den Zollbeamten zwar nichts an, aber er hatte das Bedürfnis, etwas zu finden, und deshalb kontrollierte er auch die Räder. Sehr zu seinem Unwillen war aber nichts Auffälliges zu finden.

„Wohin geht die Fahrt?", schnauzte er schroff. Rado antwortete wahrheitsgemäß: „Nach Berlin". Dass es von dort mit neuen Papieren noch weiter gehen sollte, nach Kopenhagen nämlich, das verschwieg er. Der Zollbeamte sah ihn wortlos an und hielt Rados Dokumente in der rechten Hand und klopfte sie abschätzend und nachdenklich in die offene linke Handfläche. Er dachte nach, was er diesen Balkanesen wohl noch fragen könnte. Irgendetwas musste er übersehen haben, das ahnte er, aber er kam nicht darauf, was das sein könnte. Da ihm nichts mehr einfiel, was er ohne allzu deutliche Überschreitung seiner Kompetenzen prüfen konnte, gab er Rado schließlich mürrisch die Papiere zurück, nicht ohne ihm zumindest die Wichtigkeit von Regeln und Behörden für das Funktionieren eines geordneten, zivilisierten Staatsapparats mitzugeben:

„Beachten sie das Tempolimit! Wir sind hier nicht am Balkan! Und schalten sie rechtzeitig das Licht ein!" – „Danke, mach' ich", antwortete Rado. Es entsprach nicht exakt dem, was er sich in diesem Moment dachte, aber er wollte einfach nur schnell weg von hier.

Ohne seine Erleichterung zu offensichtlich zu zeigen, stieg er langsam wieder in die Fahrerkabine und startete den Lastwagen. Er setzte den Blinker und fuhr zurück auf die Autobahn. Kaum war er von der Einschleifspur in die erste Fahrspur gewechselt, hörte er von hinten ein immer lauter werdendes durchgängiges Hupen und kurz darauf spürte er schon den heftigen Ruck eines Aufpralls.

„Wie beim Autodrom-Fahren, damals in Wien im Prater!", war sein erster Gedanke.

„Sranje sveto! Heilige Scheiße! Ausgerechnet hinten!", war sein zweiter.

Er hielt den Lastwagen an, sprang aus der Kabine und rannte nach hinten. Ein anderer Lastwagen war wohl zu schnell unterwegs gewesen und bei ihm hinten hinein gekracht. Zu groß dürfte der Schaden nicht sein, das sah Rado gleich, aber die hintere Ladetür war eingedrückt, aus den Scharnieren gehoben und stand nun offen.

„Herşey yolunda? Alles in Ordnung? Özür! Özür! Özür! Entschuldigung!", rief der türkische Lenker. „Uykuya kısaca düşmüş olmalıydı! Ich muss nur kurz eingenickt sein!"

Rado starrte in den offen stehenden Laderaum, der voll geschlichtet war mit „Sauerkraut aus deutschen Landen". Keine dreihundert Meter nach der Kontrolle und direkt beobachtet von den Augen der Zollbeamten.

„Jetzt ist es so weit!", ahnte er. Jetzt würden sich seine Befürchtungen bewahrheiten.

Seine Befürchtungen.

Er hatte es längst gewusst: Irgendwann würden sie ihn erwischen, und wenn auch nur durch einen blöden Zufall!

Heute war also irgendwann!

Jahrelang hatte er sich vor diesem Moment gefürchtet. Er hatte immer alle Verkehrsregeln beachtet und war nie zu schnell gefahren. Und vor allem: Er hatte am Lastwagen alle Vorschriften der Verkehrssicherheit peinlich genau eingehalten. Das hätte er früher niemals machen können.

Früher.

Früher, als er noch Aufträge von Spediteuren in Österreich und Italien bekommen hatte. Spediteure, die ihn schlecht und regelmäßig verspätet bezahlten, immer weiter im Preis drückten, die von ihm Dreißig-Stunden-Fahrten ohne Pause verlangten und die ihn schließlich gegen die ukrainische und weißrussische Konkurrenz ausspielten und dann fallen ließen.

Das war früher.

Davon hatte er zu Hause in Bijelo Polje seinem Kollegen Gojko erzählt, der anfangs ebenfalls einen eigenen Lastwagen geleast hatte, aber – anders als Rado – die monatlichen Raten pünktlich und problemlos zahlen konnte.

Gojko wusste Rat. Er hatte einen Bekannten in der Verwaltung. Oben, ganz oben, also wirklich ganz oben, wie er einmal kryptisch andeutete. Dieser Bekannte war an einer Schweizer Exportfirma beteiligt und die würde sehr viel Wert auf Zuverlässigkeit und Verschwiegenheit legen. Das wäre doch etwas für Rado. Gojko könnte Rado empfehlen und dann würde es schon klappen.

Rado war sich nicht ganz sicher.

Es war nicht gerade so, dass er ein Engel auf Erden war, aber es gab da so bestimmte Gerüchte um einige Regierungsmitglieder. Und wenn nur die Hälfte davon stimmte, dann würden die im Ernstfall wohl vor nichts zurückschrecken, aber schon vor gar nichts. Sich mit solchen Menschen einzulassen, schien Rado nicht ratsam.

Andererseits wollte er aber auch dafür sorgen, dass Milena nicht so oft nach Novi Pazar zum Arbeiten musste und mehr bei den Kindern sein konnte. Auch wenn Slava, seine Schwiegermutter, sich gerne um ihre Enkel kümmerte – Milena war schließlich die Mutter und eine Mutter sollte bei den Kindern sein!

Rado fragte Gojko nicht: „Ist das alles legal?", sondern er fragte: „Ist das wirklich gut?"

Gojko lachte auf: „Schau mich an! Sehe ich aus, als ob es mir nicht gut ginge? Es ist doch so, mein Freund: Manchmal hat man eben Glück im Leben!"

Rado wollte dieses Glück auch haben und ließ sich eine Kontaktadresse in Podgorica geben. Nach einer Woche hatte er den ersten Auftrag: italienische Oliven waren nach Berlin zu fahren. Wieso die in einem Zwischenlager in Basel abzuholen waren, war ihm zwar nicht klar, denn das Abladen und das neuerliche Aufladen kosteten sicher viel Zeit und Geld. Aber Rado wurde sofort nach der Lieferung ordentlich bezahlt und so fragte er nicht mehr weiter.

Von Berlin aus fuhr er direkt wieder nach Basel und holte eine Ladung deutsches Sauerkraut ab. Jede Menge Sauerkraut in Fünfzig-Liter-Dosen! Die brachte er nach Bari, von wo aus sie verschifft wurden.

Diese Oliven- und Sauerkrautlieferungen wurden schnell zu seinem ertragreichsten Geschäft und bald transportierte er gar nichts anderes mehr. Es war unglaublich, welche Mengen Sauerkraut verschifft wurden! Es musste dort, wo die Schiffe hingingen, jede Menge deutscher Restaurants geben. Und ebenso jede Menge Deutsche, die dort lebten und aßen. Wer sonst außer ihnen würde so viel Sauerkraut vertragen?

Umgekehrt, die italienischen Oliven nach Berlin und dann weiter nach Kopenhagen, das konnte er verstehen. Schließlich gedeihten die Früchte so hoch im Norden nicht und die Deutschen und die Dänen aßen die Oliven wohl auch so gerne wie Rado.

Lange war alles bestens gelaufen. „Olive dall'Italia" nach Norden, „Sauerkraut aus deutschen Landen" in den Süden. Doch eines Tages war er zu früh im Baseler Lager angekommen und da sah er, wie Arbeiter gerade die Sauerkrautdosen verschlossen. Er traute seinen Augen nicht. Denn erstens wurden die Dosen doch üblicherweise in der Sauerkrautfabrik verschlossen. Und zweitens hatte das, was er in diesen Dosen sah, große Ähnlichkeit mit den zerlegten Sturmgewehren und den Handgranaten, die er in der jugoslawischen Volksarmee kennen gelernt hatte. Damals, vor rund fünfzehn Jahren, als sie Dubrovnik angegriffen hatten, knapp nachdem sich Kroatien unabhängig erklärt hatte. Oh ja, das da drinnen hatte eine verdammt große Ähnlichkeit!

Erschrocken trat er sofort zurück, um nicht aufzufallen, aber es war schon zu spät. Die Arbeiter hatten ihn bemerkt. Drei von ihnen brachten ihn umgehend ins Büro des Lagerleiters. Der sah ihn nur kurz an und wusste sofort, dass Rado den Inhalt der Dosen erkannt hatte. Dann griff er zum Telefon und sprach aufgeregt, während er immer wieder zu Rado hin sah. Rado verstand kaum etwas vom Gespräch. Seine Deutschkenntnisse waren damals noch viel schlechter, und statt auf Schwyzerdütsch hätte der Lagerleiter genauso gut auf Chinesisch telefonieren können. Aber es war offensichtlich, dass es im Gespräch um ihn und den Inhalt der Sauerkrautdosen ging.

Kurz darauf kam jemand ins Büro des Lagerleiters. Ein Anzugmensch, und zwar so einer mit Krawatte. Der legte wortlos ein Bild von Milena auf den Tisch und machte mit der Hand einen waagrechten Strich vor dem Hals. Rado war vorher schon bleich und sprachlos gewesen, aber als er plötzlich hier, weit weg von zu Hause, vor sich am Tisch ein Foto seiner Frau sah, wich alles Blut aus seinem Körper. Nach der Geste des Halsabschneidens legte der Anzugmensch seinen rechten Zeigefinger senkrecht auf die Lippen und sah Rado an. Rado fühlte sich wie eine Maus vor der Schlange. Er konnte gar nicht anders reagieren, als kaum merkbar zu nicken.

Der Anzugmensch machte nochmals eine warnende Bewegung und deutete auf Milenas Bild. Dann ging er wortlos aus dem Zimmer. Rado hatte verstanden.

Und er hatte verstanden, dass es im Süden wohl doch nicht so viele deutsche Restaurants für Sauerkrautliebhaber geben dürfte, wie er angenommen hatte.

Nach dieser Begegnung mit dem Anzugmenschen brachte er weiterhin seine Ladungen regelmäßig nach Berlin, Kopenhagen und Bari. Manchmal überwogen die Olivenstransporte, manchmal das Sauerkraut. Das funktionierte mehrere Jahre ohne Schwierigkeiten.

Ab und zu wurde er ohne besonderen Anlass nervös, denn auch wenn er an Gojkos Satz dachte – „Manchmal hat man eben Glück im Leben", so fürchtete er doch, dass dieses Glück einmal sein Ende finden könnte. Wenn er zu sehr nervös wurde und sich selbst beruhigen wollte, schaute er in die Transportpapiere. Dann war er wieder entspannter, denn dort stand es je nach Bestimmungsort schwarz auf weiß: „Olive dall'Italia" oder „Sauerkraut aus deutschen Landen".

Außerdem hatte er vom ersten Tag, ab dem er für die Schweizer Exportgesellschaft arbeitete, noch eine Art Notfallkarte. Darauf standen Telefonnummern und Namen, die er anzurufen hatte, wenn er während eines Transports irgendwo in Schwierigkeiten geraten sollte.

Das würde wohl jetzt bald der Fall sein.

Folglich würde die Notfallkarte zu ihrem ersten Einsatz kommen.

Wortlos gab er seine Fahrzeugpapiere und die Transportpapiere dem Zollbeamten und den Autobahnpolizisten, die den Vorfall beobachtet hatten und nun rasch an den Unfallort gekommen waren. Wie unbeteiligt stand er daneben, als diese erst in den Laderaum schauten und die Fünfzig-Liter-Dosen mit der Aufschrift „Sauerkraut aus deutschen Landen" mit den Transportpapieren verglichen. Ebenso beobachtete er, wie einer der Polizisten an eine Dose klopfte, aufgeregt seine Kollegen herbeirief und sie die Dose gewaltsam öffneten.

Rado war nicht halb so überrascht wie sie, als sie sahen, dass in den Dosen kein Sauerkraut war, sondern Handgranaten und Teile von Sturmgewehren der jugoslawischen Volksarmee.

Was ihn allerdings schon überraschte, war, dass zwischen den Waffen zusätzlich mehrere Zigarettenstangen steckten.

„Auch nicht blöd", fiel es Rado ein. „Statt wertlosem Verpackungsmaterial habe ich auch gleich noch jede Menge Zigaretten transportiert. Wer die Gewehre wohl zerlegt hat? Die Lagerarbeiter?"

Rado kam es kurz in den Sinn, dass er den Beamten zeigen könnte, wie schnell er die Sturmgewehrteile zusammen setzen konnte, denn das hatte er im Drill zu jeder Tages- und Nachtzeit können müssen. Mitten in der Nacht waren sie geweckt worden, hatten die Gewehre auf Kommando auseinander genommen und wieder zusammen gefügt. Rado hatte das im Schlaf gekonnt, und er war schnell gewesen im Zerlegen und Zusammensetzen, verdammt schnell. Dennoch verwarf er den Gedanken gleich wieder. Die Beamten hätten ihm dafür kaum denselben Respekt entgegengebracht wie seinerzeit seine Kameraden.

Gerade, als ihm diese Erinnerung durch den Kopf schoss, zogen die Polizisten ihre Waffen und richteten sie auf Rado: „Hände hoch! Gesicht zum Wagen! Beine auseinander!"

Rado gehorchte.

Was hätte er sonst schon tun sollen? Er hatte das Gefühl, dass er selbst wesentlich weniger aufgeregt und nervös war, als die Polizisten.

Irgendwie war die Situation auch komisch, fand er. Wovor hatten die denn Angst? Dass er ihnen auf der Autobahn davon laufen würde? Dass er sie mit einer versteckten Waffe bedrohen könnte, nachdem sie gerade seinen Führerschein kontrolliert hatten und seinen Namen kannten?

Sie untersuchten ihn nach Waffen und schienen überrascht, dass da nichts zu finden war. Dann fixierten sie seine Arme hinter dem Rücken mit Handschellen und setzten ihn ins Polizeiauto.

Nach und nach räumten sie den Lastwagen aus. „Nicht schlecht", rechnete Rado. „Das sind nicht nur jede Menge Sturmgewehre und Handgranaten, sondern mindestens tausend Stangen Zigaretten!"

Noch während sie sich um den Wageninhalt kümmerten, brachten sie ihn auf ein nahe gelegenes Wachzimmer. Viel bekam Rado dort nicht mit, denn die Menschen rundherum redeten viel zu schnell und wirr durcheinander. Aber er verstand doch, dass sich ein Anzugmensch, der sich dazu gesellt hatte und das Ganze hier zu leiten schien, darüber freute, dass im Lastwagen nicht nur Zigaretten gefunden worden waren.

Während er beobachtend dasaß und rund um ihn die Polizisten wie in einem Bienenschwarm herum schwirrten, schnappte Rado noch etwas auf, das aber so paradox war, dass er sicher war, es falsch verstanden zu haben: Der Anzugmensch regte sich darüber auf, dass in der Schweiz Zigarettenschmuggel straflos sei, wenn Schweizer Interessen nicht berührt würden. Wie? Ausgerechnet die korrekte Schweiz, wo er nicht einmal straflos einen Zigarettenstummel auf die Straße werfen durfte, sollte Zigarettenschmuggel in andere Länder unterstützen? Das kam Rado dann doch so unglaubwürdig vor, dass er annahm, sich verhört zu haben.

Rado wurde einvernommen. Er war innerlich nun lange nicht mehr so ruhig wie zuvor und wie er nach außen wirkte, aber er hoffte auf die Wirkung seiner Notfallkarte. So wie von seinen Baseler Auftraggebern angewiesen, antwortete er beim Verhör nur auf Montenegrinisch, obwohl er den Polizisten gut verstand. Dem Dolmetscher, der bald darauf kam, sagte Rado, dass er von nichts wisse und mit einem Anwalt sprechen wolle.

Eine halbe Stunde, nachdem sie eine Nummer auf Rados Notfallkarte angerufen hatten, war ein deutscher Anwalt da. Auch er ein Anzugmensch mit Krawatte. Er sah in die Transportpapiere, befragte Rado nach dem Unfallhergang und rief jemanden mit seinem Handy an. Rado schien es, als ob die andere Stimme am Telefon Schwyzerdütsch reden würde, da war er sich sogar ziemlich sicher. Angespannt und wartend saß er daneben und versuchte, aus den Sätzen des Anwalts einen Sinn zu erkennen.

Nach einer ewig langen Viertelstunde, die er so zugebracht hatte und in der die Spannung in Rado immer weiter gestiegen war, teilte ihm der Anwalt mit, dass das mit den Zigaretten einfach zu lösen wäre. Die Gewehre und die Handgranaten würde die Lage aber komplizieren.

Er fragte Rado, ob er den Transport auf sich nehmen und angeben würde, dass er auf eigene Rechnung und ohne Hintermännern gehandelt hätte.

In Rado stieg Angst hoch. Er bemühte sich, trotzdem ruhig nahzudenken. Ihm fiel die Szene im Büro des Lagerleiters mit dem Foto von Milena ein. Und er dachte an die Gerüchte, die er zu Hause immer wieder gehört hatte, diese Gerüchte im Zusammenhang mit verschiedenen mächtigen Personen, ganz weit oben.

„Wie kann ich das denn sagen?", war er aufgeregt. „Wer soll mir denn glauben, dass ich das wirklich alles alleine organisiert haben könnte?"

Der Anwalt beruhigte ihn, er werde schon alles für ihn vorbereiten, auch seine Aussage. Rado müsse es am nächsten Tag nur unterschreiben und sich vor allen Polizisten und bei Gericht schuldig bekennen und zu dem stehen, was er unterschreiben würde.

„Was wird dann mit mir passieren?"

„Von Schweizer Seite haben Sie für das Zollvergehen und den Waffenschmuggel nichts zu befürchten, das ist teils gesetzlich gedeckt und teils werden wir das intern mit den Schweizer Behörden regeln. In Deutschland müssen wir anders vorgehen. Zuerst werden wir die Gewehre und die Handgranaten als Sport- und Übungswaffen deklarieren lassen. Dazu haben wir hier in Deutschland jemanden, der das erledigen wird. Dann bleiben nur noch die Zigaretten übrig. Ich nehme an, Sie müssen wegen des Zollvergehens einige Monate bei uns einsitzen. Vielleicht gelingt es uns auch, die Strafe nur auf Bewährung zu bekommen, sodass Sie nicht ins Gefängnis müssen, aber das ist nicht sehr wahrscheinlich. Jedenfalls werden Sie eine Geldstrafe bezahlen müssen. Die wird wegen der hohen Menge an Zigaretten wohl saftig ausfallen, aber dafür werden ihre Auftraggeber aufkommen."

„Was wird in der Zwischenzeit mit meiner Familie sein?"

„Keine Sorge. Um die wird sich jemand in Montenegro kümmern. Sie werden mehr bekommen, als Sie in zehn Jahren verdienen könnten. Die Hauptsache ist, dass Sie bei Gericht dabei bleiben, was Sie morgen hier unterschreiben werden. Sie werden sehen, das wird für Sie das Geschäft ihres Lebens! Sie sollten wissen: Sie haben die Rückendeckung von ganz oben!"

„Was ist, wenn ich nicht unterschreibe?", zögerte Rado.

„Ich glaube nicht, dass Sie das wirklich wollen. Sie können wählen zwischen der Rückendeckung von ganz oben oder einer Meinungsverschiedenheit mit ganz oben. Ich würde Ihnen zu Ersterem raten. Damit haben Sie ausgesorgt. Andernfalls …"

Da fiel Rado ein, dass ihm Gojko damals auch schon von der Chance seines Lebens erzählt hatte. Wenn ihm nun so ein Anzugmensch sagte, dass er das Geschäft seines Lebens machen würde und er außerdem die Rückendeckung von ganz oben hatte – was sollte da noch schiefgehen?

Manchmal findet man das Glück seines Lebens, wo man es nie gesucht hätte. So wie heute Rado im Sauerkraut aus deutschen Landen.

DORKA

13. OKTOBER 2007

Dorka kniete apathisch auf allen vieren neben dem Apfelbäumchen im Garten ihres Hauses in Podgorica. Tränen rannen über ihr Gesicht. Tränen, die sie ebenso wenig spürte wie den kalten Wind, der den Regen durch die Berge peitschte, und das nasse Gras unter ihren bloßen Füßen.

Ihre langen blonden Haare klebten regennass an ihrem Kopf und auf ihren Schultern. In der einen Hand hielt sie eine Säge, mit der anderen stützte sie sich an dem jungen Apfelbäumchen ab.

Ach, das Apfelbäumchen! Das Symbol ihrer Liebe zu Boris!

Sie hatte es seinerzeit für Boris gekauft, als sie gemeinsam in ihr neues Häuschen gezogen waren. Boris liebte diese seltene Apfelsorte und für Dorka war es der Beweis, dass sich ihr Leben richtig entwickelt hatte, als sie das Bäumchen gekauft und Boris als Zeichen ihrer Liebe geschenkt hatte. Man sollte ja, wie sie als Kind gehört hatte, in seinem Leben ein Kind zur Welt bringen, ein Haus bauen und einen Baum pflanzen. Nun aber war mit einem Schlag alles, was sie sich aufgebaut hatte, zunichte gemacht und sie fühlte sich zurückgeworfen an den Anfang: geschockt, enttäuscht, verletzt und auf der Suche nach Stabilität und Sicherheit.

Stabilität und Sicherheit!

Welche Worte!

Als das Kind Dorka zum Mädchen heranwuchs, war es in Jugoslawien durchaus ruhig und sicher gewesen. Das galt auch für den ungarischen Teil des Landes, die Vojvodina, wo sie aufgewachsen war, selbst wenn ihr das, obwohl sie kaum einmal die Dorfgrenzen überschritten hatte, nicht bewusst war. Sie sah nur die anderen Kinder und Familien rund um sich, und es schien ihr, als ob diese weit mehr an Stabilität und Sicherheit hätten. Die meisten Kinder im Dorf hatten eine Mutter und einen Vater und die wenigsten Familien hatten Sorgen vor dem, was die Zukunft bringen könnte. Dorka dagegen kannte ihren Vater nicht. Und sie ahnte mehr als dass sie es wußte, dass ihre Mutter schwer arbeiten musste, um sie und ihre ältere Schwester gerade so irgendwie durchzubekommen.

Dorka wuchs nicht mit dem Gefühl auf, dass ihr – außer eben der Sicherheit – viel fehlen würde, weder an Liebe noch an materiellen Dingen. Dass sie das später anders sehen würde, konnte sie als Mädchen ja noch nicht vorhersehen. Und dass sie selbst einmal nicht so viel Liebe an ihre eigene Tochter weitergeben können würde, wie sie gerne getan hätte, das konnte sie noch weniger wissen. Was ihr fehlte, waren – wie gesagt – ein Gefühl der Geborgenheit und die Gewissheit, keine Angst vor der Zukunft haben zu müssen.

Doch woher hätte sie die bekommen sollen?

Von ihrer Mutter? Von einer allein erziehenden, nur allzu oft verzweifelten, zutiefst verletzten und frustrierten Frau, die mit dem Leben nicht fertig wurde? Von einer Frau, die unter der langjährigen fehlenden Anerkennung durch den Kindsvater letztlich todkrank wurde und die doch seinen Namen – um ihn zu schützen – geheim hielt, obwohl im Dorf darüber gemunkelt und gemutmaßt wurde?

Oder von ihrem Vater? Nun ja. Also, offiziell war er unbekannt. Inoffiziell war er ein katholischer Priester, der die Keuschheitsgebote seiner Kirche lange ignoriert hatte. Nach Dorkas Geburt hatte ihre Mutter den Vater der Mädchen zu einem normalen Familienleben und zur Aufgabe des Priesteramts bewegen wollen. Sie hatte ihn damit konfrontiert, dass sein Gelübde und seine Beziehung zu ihr nicht vereinbar wären. Wahre Worte, aber welch unerwartete Wirkung! Der

Vater gab der Mutter und ihren Vorwürfen nämlich recht, reagierte allerdings anders, als sie es sich erhofft hatte: Er besann sich auf sein Keuschheitsgelübde und verzichtete ab sofort auf jede sexuelle Handlung.

Dass er durch diesen plötzlichen und anhaltenden Entzug des körperlichen Liebesbeweises die Mutter seiner Kinder so sehr entwürdigte, dass sie später aus Kummer darüber Brustkrebs bekommen sollte, weil sie sich als Frau abgelehnt und zurückgewiesen fühlte, hatte er nicht beabsichtigt. Aber letztendlich nahm er es in Kauf. Es war dies wohl das Kreuz, das ihm der Herr für seine Sünden auferlegt hatte. Wenn sich die Frau das so zu Herzen nahm, dass sie davon krank wurde, war das Gottes Wille und er konnte für sie nur beten.

Er verzichtete also, wie schon gesagt, ab sofort auf sexuelle Handlungen mit der Mutter seiner Kinder. Er verzichtete aber nicht drei Nachmittage in der Woche auf ein Familienleben. Das heißt, auf das, was man in diesen Jahren in der Vojvodina unter einem Familienleben verstand: Er hielt sich im Haus auf, ließ sich von der Mutter bedienen, kontrollierte und maßregelte seine Töchter und spielte mit ihnen und der Mutter Karten. Wobei, einen kleinen Unterschied zum damals in der Vojvodina üblichen Familienleben gab es doch noch:

Die beiden Mädchen wussten nicht, dass der schwarz angezogene Onkel Ferenc, der drei Nachmittage in der Woche bei ihnen war, der sie immer unter Androhungen späterer göttlicher Strafen ermahnte, endlich brav zu sein und mit dem sie immer Karten spielen mussten, ihr Vater war.

Das wussten sie so lange nicht, bis Dorka eines Tages in der Schule von einer Mitschülerin damit gehänselt wurde, dass ihr Vater ein Pfaffe sei, obwohl doch allgemein bekannt war, dass katholische Priester gar keine Kinder haben dürften. Dorka lief entsetzt und weinend zu ihrer Tante und versuchte, ihren Kummer angesichts dieser Lüge loszuwerden. Als die Tante den Inhalt der Hänselei bestätigte, wusste Dorka wenigstens von da an, wer ihr Vater war.

Dieser ungewollten Eröffnung des Geheimnisses wurde innerfamiliär Rechnung getragen: Von nun an durften sie den schwarz gekleideten Kartenspieler nicht mehr „Onkel Ferenc" nennen, sondern einfach nur „Ferenc". Sonst aber blieb alles gleich: Sie mussten brav sein, keine Widerworte geben, nicht streiten und mit der Mutter und Ferenc drei Nachmittage pro Woche Karten spielen.

Während all dieser Zeit litt die Mutter entsetzlich unter der Verweigerung durch Ferenc. Sie wurde immer grauer und unscheinbarer und schien auch körperlich kleiner zu werden.

Als ob sie die Kränkung der Mutter spüren könnte, und wie um diese Kränkung zu kompensieren, entdeckte Dorka früh ihre eigene Sexualität. Sie fand darin Trost und Ablenkung und sogar eine Art von Sicherheit und Selbstbestätigung. Denn sie wusste, dass sie sich immer dorthin flüchten könnte, wenn es rundum nicht klappte.

Eines Tages, als Dorka und ihre Schwester gerade wieder einmal besonders laut uneinig waren, verschwanden die Mutter und Ferenc kurz im Nebenzimmer. Kurz darauf kam Ferenc wieder heraus, nahm wortlos seinen Mantel und ging zur Türe. Dort drehte er sich abrupt um und herrschte Dorka und ihre Schwester an:

„Seid endlich brav, Kinder, und spielt gesittet und in Ruhe mit Eurer Mutter Karten. Lange könnt ihr das ohnehin nicht mehr tun, also benehmt Euch wie gute Kinder! Wegen Eurer ständigen Streiterei hat sie jetzt nicht mehr lange zu leben!" Damit machte er kehrt und ließ zwei verstörte, heulende Mädchen zurück.

Auf diese Art hatten Dorka und ihre Schwester erfahren, dass ihre Mutter schwer erkrankt war und demnächst sterben würde.

Die völlig überforderten Mädchen bettelten ihre Mutter an, doch am Leben zu bleiben. Sie würden von jetzt an auch immer brav sein. So rangen sie ihrer Mutter das Versprechen ab, wenigstens noch ein Jahr zu leben. Daran sollte sie sich mit

Gottes Hilfe trotz großer Schmerzen und mit starkem Willen tatsächlich halten.

Die Krankheit ihrer Mutter hatte eine, wenn auch nur geringfügige, Veränderung im Familienleben zur Folge: Ab sofort waren es nämlich die beiden Mädchen, nicht mehr ihre Mutter, die Ferenc während der dreimaligen Nachmittagsbesuche zu bedienen hatten. Ansonsten blieb alles beim Alten: die Ermahnungen, brav zu sein und das Kartenspielen. Gleichzeitig wuchs mit jeder Woche bei den Mädchen die Unsicherheit an, wie es in Zukunft weitergehen würde.

Diese Zukunft, sie kam bald, viel zu bald für Dorka und ihre Schwester, denn nach dem versprochenen Jahr wurde ihre Mutter von Gott dem Herrn, den sie von ganzem Herzen liebte, in den Himmel aufgenommen. Die Mädchen kamen in die Obhut einer Schwester ihrer Mutter. Für diese waren die beiden pubertierenden Mädchen sowohl geistig als auch finanziell eine hohe Belastung. Die Unsicherheit blieb und Dorka suchte Ablenkung, wo sie sicher sein konnte, sie zu finden.

Von der Natur bevorzugt, intelligent und äußerst attraktiv, liebte es das Mädchen, sich als das zu zeigen, was es mittlerweile geworden war: eine erotische, offene, lebenslustige junge Frau. Ihre männlichen Schulfreunde nahmen sich an den freien Nachmittagen von ihr, was ihre jungen Körper begehrten. Dorka war ihnen dafür dankbar, denn sie fand in diesen Begegnungen die Sicherheit, die sie sonst so sehr vermisste: Sie sah in den aufgerichteten Gliedern ihrer Partner die Bestätigung, eine echte Frau zu sein und nicht wie ihre Mutter zurückgewiesen zu werden. Dorka war glücklich, denn kaum ein anderes Mädchen an der Schule und in der Nachbarschaft war so begehrt wie sie.

Glücklich!

Glücklich sein, das hieß doch, das Gefühl zu haben, seine Wünsche und Hoffnungen erfüllt zu sehen.

Dieses Gefühl hatte Dorka, denn sie bemerkte die neidischen Blicke ihrer weiblichen Umgebung ebenso wie die begehrlichen Blicke der männlichen. Und sie alle waren auf sie gerichtet. Ausgerechnet auf sie, die sie – anders als die anderen Jugendlichen rundherum – unter so eigenartigen Familienverhältnissen aufgewachsen war.

Ihre Tochter, die sie mit Anfang zwanzig bekam, zog Dorka ebenso alleine auf, wie sie aufgezogen worden war, nur ohne dreimalige väterliche Besuche pro Woche. Der Vater – nun, wir wollen nicht weiter über ihn reden – er war eine Art Lebenskünstler.

Es war nicht einfach für Dorka, sich und ihre Tochter ohne Unterstützung durchzubringen, auch später nicht, als sie längst in die Stadt gezogen waren. Nach Titograd, das gerade in Podgorica umbenannt wurde, als ihre Tochter in den Kindergarten kam und nachdem Jugoslawien zerfallen war. Hier, im großen und anonymen Titograd war es einfacher für sie und die Menschen waren etwas toleranter als im Dorf.

Die existenzielle Unsicherheit und die Angst vor einer instabilen Zukunft ließen sie bald mit einem deutlich älteren Mann zusammenleben, der ihr seine Überlegenheit und seine sparsam entwickelte Männlichkeit immer wieder nachdrücklich mit geistiger und körperlicher Brutalität und zahlreichen Erniedrigungen bewies. Sie nahm die Entwürdigungen und Schläge in Kauf, denn die wirtschaftliche Sicherheit, die sie hier erhielt, hatte eben ihren Preis. Einige Jahre lang hielt sie durch, aber dann siegte Dorkas Selbsterhaltungstrieb über ihr Sicherheitsbedürfnis und sie flüchtete aus dieser Beziehung zu einem Musiker, einem Klavierspieler, der sie liebevoll aufnahm.

Bald darauf lernte sie jedoch Boris kennen. Boris, der als Techniker für eine Elektrofirma aus Belgrad arbeitete und häufig auf Montage ins Ausland reiste.

Boris war der Mann ihrer Träume!

Wie so vieles im Leben, so hatte der Traummann einen kleinen Nachteil: Boris war schon verheiratet. Aber nachdem er Dorka etwas näher kennen gelernt hatte, verließ er Hals über Kopf seine Frau und seine Kinder, ließ sich scheiden und heiratete seine neue Flamme.

Dorka hatte das Glückslos gezogen! Ein Mann, den sie lieben konnte und der ihr jene Sicherheit bot, die sie das Leben genießen ließ. Ein Mann, der ihren Körper begehrte und der sie als Frau anerkannte. Ein Mann, bei dem sie endlich das liebende, geborgene Frauchen sein konnte, das zu sein sie seit ihrer Kindheit ersehnt hatte. Ein Mann, dem sie bald einen intelligenten, gut erzogenen Sohn schenkte, den sie beide über alles liebten. Ein Mann, der sich auch ihrer Tochter gegenüber wie ein guter Vater verhielt.

Die junge Familie mietete ein kleines Häuschen in einem Vorort von Podgorica und richtete es liebevoll ein. Der Garten war anfangs eine ungepflegte Wiese mit wilden Büschen und Hecken, die sie erst roden und begradigen mussten. Mitten drin, im Herzen des Gartens, hatte Dorka das Apfelbäumchen gepflanzt, das sich Boris so sehr gewünscht hatte. Als Dorka in die Augen von Boris blickte, nachdem sie ihm das Bäumchen geschenkt hatte, da wusste sie: Sie war am Ziel ihrer lebenslangen Suche angelangt!

Ja, und jetzt kniete sie im von der Bora gepeitschten, kalten Regen vor eben diesem Apfelbäumchen und setzte die Säge an, um es umzuschneiden. Jedes Mal, wenn sie die Rinde mit dem Sägeblatt anritzte, fühlte sie einen tiefen, schmerzenden Stich in ihrem Herz.

Tränen ließen ihre Augen erblinden und strömten die Wangen hinab. Die Säge fiel ihr aus der Hand und nur die heulende Bora konnte ihr Schluchzen übertönen. Mehrmals fasste sie die Säge fester, stützte das Sägeblatt mit der linken Hand ab, um nicht abzurutschen, und machte mit der Rechten, in der sie die Säge hielt, einen raschen, kurzen Schnitt. Jeder Schnitt war ein stechendes Symbol dafür, dass sie den Beweis ihrer Liebe und ihrer Sicherheit fällen musste; jeder Schnitt in den Stamm war ein Schnitt durch ihre Seele.

Dabei war es so harmonisch gewesen mit Boris, so unvergleichlich!

Das Zusammenleben mit ihm war so, dass sie wörtlich jeden Tag dafür dankte, so leben zu dürfen. Sie hatten eine Vertrautheit, wie Dorka sie noch nie gekannt hatte. Sie liebten einander inniglich und das gute Einkommen von Boris gab ihr die Sicherheit, keine Angst vor der Zukunft haben zu müssen.

Dorka kümmerte sich um den Haushalt, machte Boris das Leben im Häuschen wunderbar und – man kann es ruhig sagen – auch ihre körperliche Vertrautheit war angenehm. Zwar waren ihre Sinnesfreuden nicht so, dass die beiden regelmäßig gemeinsam abgehoben hätten, aber immerhin! Für Dorka war es recht schön und angenehm, vor allem, da sie nicht mit Schmerzen und Erniedrigungen bezahlen musste, wie sie das aus ihrer früheren Beziehung her kannte. Und Boris empfand ihre ehelichen Berührungen überhaupt als außerirdisch. Was für eine Bestätigung der Frau in Dorka! Was für ein Leben!

Bloß – Boris war oft unterwegs auf Montage. Sehr oft. Und er hatte eine schöne Frau zu Hause, das wusste er. Dorka gab ihm zwar keinen Anlass dazu, aber einige Kollegen machten doch immer wieder Anspielungen, wie er denn eine so schöne Frau so lange alleine lassen konnte, sodass Boris sich etwas einfallen ließ, um jederzeit die Kontrolle über sie zu haben:

Wann immer er nun einige Zeit auf Montage war, forderte er Dorka auf, sich einem fremden Mann zu nähern und sich ihm hinzugeben. Dorka war anfangs unsicher und zögerte, weil sie sein Ansinnen nicht recht verstand. Deshalb ging er mit ihr in verschiedene Lokale in Podgorica und Cetinje und ermutigte sie, Männer anzusprechen, um dann mit ihnen nach Hause zu gehen. Dieses Spiel setzte Dorka auf Betreiben von Boris tatsächlich fort, wenn Boris unterwegs war. Dessen Bedingung war, dass Dorka ihn mittels SMS oder E-Mails vorher davon informierte und anschließend berichtete, was sie erlebt hatte. Dorka fand Gefallen an diesem Spiel, und sie fühlte sich erinnert an ihre Schulzeit, als sie sich jenen der Mitschüler genommen hatte, den sie gerade wollte und dessen Erregung ihr das schönste Kompliment war.

Es hätte noch Jahre so weitergehen können: Boris und Dorka glücklich verheiratet, Boris oft auf Montage und Dorka zu Hause, für ihn sorgend und ihn über die Begegnungen mit fremden Männern informierend, ohne ihre Beziehung auch nur eine Sekunde in Frage zu stellen. Nichts hätte ihr Glück nun stören können! Sie hatten die wahre und tiefe Liebe gefunden, die einem Besitzdenken oder einer Eifersucht keinen Raum ließ! Und wie zum Beweis dessen, dass alles so wahr und rein war: auch das Apfelbäumchen hatte unterdessen begonnen, Früchte zu tragen!

Doch eines Tages kam Boris von einer Montagereise aus Thailand nach Hause und brachte nicht nur sein Reisegepäck mit, sondern auch noch zwei Mitbringsel, auf die Dorka leicht verzichten hätte können: einen ausgewachsenen Tripper und ein neunzehnjähriges Mädchen. Er eröffnete Dorka, dass er ab sofort dieses Mädchen als seine Frau betrachtete. Dorka könne gerne bleiben, wenn sie wolle, aber seine Liebe und seine Loyalität gehörten ab sofort der jungen Thailänderin.

Dorka, die im Innersten selbst noch wie ein Mädchen fühlte, war völlig vor den Kopf gestoßen.

Wie konnte das sein?

War sie nicht immer brav und voll Liebe für ihren Boris gewesen?

Hatte sie ihm ihre Liebe nicht jeden Tag bestätigt und sich ihm oder anderen hingegeben, ganz wie er das wollte?

Hatte er ihr nicht versprochen, bis an ihr Lebensende zu ihr zu stehen und sie zu lieben und für sie zu sorgen?

Wie konnte das sein, dass seine Liebe und seine Loyalität plötzlich nicht mehr ihr galten, sondern einem Mädchen, das er gerade erst kennen gelernt hatte? So plötzlich, als hätte jemand in seinem Gehirn einen Schalter umgelegt?

Dorka weinte, hinterfragte, haderte, bettelte, versuchte zu verhandeln – es war alles zwecklos. Boris nahm sich mit der jungen Thailänderin in einem anderen Teil Podgoricas eine

Wohnung und ließ Dorka mit ihren beiden Kindern in ihrem Haus zurück.

Dorka musste sich dringend Arbeit suchen, um die Miete für das Häuschen und die Lebenskosten für sich und ihre Kinder bezahlen zu können. Doch bald war klar, dass sie vom Lohn der Arbeit, die sie gefunden hatte, die Miete nicht würde zahlen können. Und so musste Dorka den Mietvertrag kündigen und das Häuschen räumen.

Schon das Räumen war schwierig gewesen. Die neue Wohnung, die sie mietete, war viel kleiner als das Häuschen, und so hatte sie eine Menge zu entsorgen. Jedes Möbelstück, jedes Buch, jeder Gegenstand erinnerte sie an die gemeinsame Erwerbung. Jedes Foto, das sie in die Hand nahm, trieb ihr Tränen in die Augen. Unter den Bildern fand sie auch Ansichten von Boris mit seiner ersten Frau. Kurz überlegte Dorka, ob sie ihr die Fotos bringen sollte, aber dann warf sie die Souvenirs, Fotos und vielen kleinen Gegenstände in einen Container und brachte alles weg. Es war schon so schlimm genug, da brauchte sie nicht noch ein Treffen mit ihrer Vorgängerin.

Doch das Schlimmste am Räumen war, dass der Vermieter verlangte, dass sie das Apfelbäumchen mitnehmen müsse, weil er es nicht im Garten brauchen könne.

Wie bitte soll man ein zehn Jahre altes Apfelbäumchen mitnehmen?!

Und vor allem: Wohin soll man es nehmen, wenn man in eine Wohnung zieht?

Es nützte nichts – der Vermieter beharrte darauf, dass Dorka es vor dem Auszug entfernte.

So kniete Dorka nun mit der Säge in ihrer zitternden Hand vor dem Apfelbäumchen, spürte den Herbststurm nicht, nicht den Regen, nicht das nasse Gras und nicht ihre anklebenden Haare. Sie spürte nur, wie ihr die Ausweglosigkeit und eine unbeschreibliche Angst das Herz zerreißen mochte.

Jeder Schnitt in den Baum vertiefte die Schneise durch Herz und Seele und brachte sie zurück in die Ungewissheit jener Zeit, als sie ein Mädchen war. In die Ungewissheit und in die Angst vor der Zukunft.

Und sie konnte nicht begreifen, warum sie das tun musste. Das würde sie erst viele Jahre später verstehen.

Boris

8. August 2008

„Was für eine Frau!", staunte Boris, als Pleasure ihm liebevoll und devot die Kokosnusssuppe servierte. Er strahlte sie an: „Danke, mein Sonnenschein!"

Sie lächelte stumm mit ihren großen Augen und vollen Lippen zurück, wie es eben nur Thailänderinnen können. Oder allenfalls noch Mädchen von den Philippinen oder aus Singapur: Unschuldig, dienend und verwöhnend, und gleichzeitig so erotisch, aufreizend und verführerisch, dass es Boris schwer fiel, sich zu beherrschen und sich aufs Kulinarische zu konzentrieren, statt sofort über Pleasure herzufallen.

Seine Pleasure!

Boris genoss sein Glück: Er war der glücklichste Mensch in ganz Podgorica!

So jemanden wie Pleasure seine Ehefrau nennen zu können ... das war schon ... wie soll man sagen ... ja, das war etwas Besonderes!

Boris war ein echter Glückspilz!

Was für ein Unterschied zwischen Pleasure und seinen früheren Frauen, Saschka und Dorka! Saschka war so gut wie völlig aus seinem Leben verschwunden.

Ach, diese Saschka!

Boris hatte sich so gut wie nie gefragt, was sie nach der Scheidung gemacht hatte, und wie es ihr gegangen war. Damals nicht und später schon gar nicht. Andererseits – warum hätte er sich das auch fragen sollen? Ihre Beziehung war beendet, aus und vorbei!

Dass sie keine Freude daran gehabt hatte, von Dorka verdrängt zu werden, war schon verständlich. Aber dass sie ihm eine ziemlich unschöne Scheidung bereitet und ihm später die gemeinsamen Kinder vorenthalten hatte, wäre nicht notwendig gewesen. Stattdessen hatte sie ihn mit Vorwürfen überhäuft und ihm das Leben so schwer wie nur möglich gemacht.

Im Nachhinein war ihm besonders ihr Einfordern von Loyalität auf die Nerven gegangen. Immer wieder, während und nach der Scheidungsphase, hatte sie ihn beschuldigt, sich illoyal zu verhalten. Und warum? Bloß, weil er sie damals etwas spontan mit seiner Entscheidung konfrontiert hatte, dass er Dorka, die er kurz zuvor kennen gelernt hatte, heiraten wollte? Es war doch normal im Leben, dass Beziehungen nicht ewig halten! Was erwartete sie denn? Sie glaubte wohl tatsächlich, dass seine Loyalität ihr gegenüber größer sein sollte als die zu Dorka, bloß weil er diese noch nicht so lange kannte wie seine Frau!

Wie kam sie nur auf solche absurde Ideen?

Was nahm sich Saschka eigentlich heraus, über sein Leben zu bestimmen und ihm vorzuschreiben, wie er sich zu verhalten hatte?

Wenn sie ihn so geliebt hätte, wie sie am Ende behauptet hatte, dann wäre sie besser während der Ehe auf seine Wünsche eingegangen! Aber nein, sie hatte geklammert und keinesfalls mit ihm und einer zweiten, exotisch wirkenden Frau zusammen erotische Stunden erleben wollen. Dabei wusste sie spätestens seit dem gemeinsam angesehenen asiatischen Sexfilm, wie erregend die Vorstellung für ihn war, von der einen Frau erregt zu werden und dann das Geschenk seiner Erregung der anderen Frau durch deren Lippen zu spenden. Niemand konnte sagen, er hätte sie im Unklaren gelassen.

Wozu also unter diesen Umständen nach der Trennung noch lange an Saschka denken? Na also! Was hätte eine solche Gefühlsduselei denn auch bringen sollen? Er hatte sich entschieden und war nicht bereit, das zu diskutieren. Seine Entscheidung hieß damals eben Dorka. Punkt.

Damals, das heißt, als er noch geglaubt hatte, dass das eine gute Idee war.

Obwohl, es war tatsächlich keine schlechte Idee gewesen, zumindest im Ansatz und am Anfang. Aber sie war nicht lebenslang umsetzbar, wie sich bald herausgestellt hatte. So genau weiß man das leider oft erst später.

Das würde ihm bei Pleasure nicht passieren. Sie war die endgültig richtige Wahl für den Rest seines Lebens, das wusste er mit Bestimmtheit.

Pleasure!

Liebevoll sah er sie an, wie sie ihn mit ihren Mandelaugen anhimmelte.

„Was würde ich ohne dich tun, mein Boris?", hauchte sie ihm zart entgegen, als sie am Esstisch vor ihm stand. Dabei umschwebte ihn der sanfte Duft ihres Parfums so verführerisch, dass er spontan ihre Beine spreizte und die Innenseiten ihrer Schenkel streichelte.

„Und was würde ich ohne dich tun, meine Lotusblüte?" Er sah die Wölbung ihres Bauches und freute sich, dass sie ihm bald ein Kind schenken würde. Ein Kind der wahren Liebe.

Zugegeben, er hatte schon drei Kinder: die beiden mit Saschka, aber die waren schon längst erwachsen. Von Dorka hatte er Brane. Den hätte er lieber bei sich und Pleasure wohnen gesehen als bei seiner Mutter. Aber das ließ Dorka nicht zu. Deshalb sah er ihn nur an jedem zweiten Wochenende, wenn Brane mit dem Bus zu ihm kam. Brane kam immer alleine, denn Dorkas Gesellschaft konnte Boris seiner zarten Lotusblüte nicht zumuten, solange Dorka sie nicht respektierte und als seine neue Frau ehrte und achtete. Brane dagegen – ja, der war schon in Ordnung, der verstand ihn und liebte ihn, wie ein Zehnjähriger seinen Vater lieben sollte. Brane mochte auch seine Pleasure und war kein bisschen eifersüchtig auf sie, obwohl sie nicht einmal zehn Jahre älter war als er.

Boris liebte seinen Sohn Brane ebenfalls. Doch seine Tochter, das wusste er schon genau, seine Tochter, die gerade im Bauch von Pleasure heranwuchs, die würde er am meisten von allen lieben. Denn Pleasure war der Höhepunkt in seinem Leben.

Was für eine Frau!

Sie war jung, asiatisch, wunderschön und sie liebte ihn bedingungslos.

Sie war sogar ungeschminkt eine Augenweide. Wenn er dagegen an Dorka dachte ... obwohl, er wollte jetzt nicht ungerecht sein, denn Dorka war eine attraktive Frau für ihr Alter, das war nicht zu bestreiten. Aber sie war fünfundzwanzig Jahre älter als Pleasure und brauchte täglich eine halbe Stunde Zeit vor dem Spiegel, um nur halb so verführerisch zu wirken wie Pleasure! Wenn Boris daran dachte, wie das wohl in zehn oder fünfzehn Jahren sein müsste – dann würde Pleasure immer noch eine hoch erotische und exotische Frau sein. Aber Dorka mit ihren eigentlich schon ergrauten, blond gefärbten Haaren? Sie wäre dann bereits im Pensionsalter! Womöglich wäre sie dann sogar Großmutter. Nein! Unvorstellbar!

Dorka!

Anfangs war sie für ihn anziehend gewesen.

Sehr anziehend!

Anfangs, als sie sich kennen gelernt hatten. Damals war Dorka mit einem Klavierspieler zusammen gewesen, der sie so sehr geliebt hatte, wie sie wahrscheinlich nie wieder ein Mann lieben würde. Aber der war ein wenig naiv gewesen, denn er hatte Dorka seine Liebe zwar erklärt und wollte sie heiraten, aber er hatte sie nicht bedrängt, sondern geduldig gewartet, bis sie sich ihm ganz öffnete. Ein fataler Fehler, wie ihn eben nur ein sensibler Künstler begehen konnte! Denn dann war er, Boris, gekommen und hatte Dorka einfach genommen und der Klavierspieler war ruckzuck aus Dorkas Leben weggewischt und Geschichte.

Dorka hatte dieses „Sie-einfach-Nehmen" für Liebe gehalten, vor allem auch, weil Boris sich liebevoll um ihre Tochter kümmerte, die sie in die Ehe mitgebracht hatte. Das musste man schon sagen: Boris wusste was er wollte und wie er es bekommen konnte. Dagegen war es nicht gerade Dorkas Stärke, Gefühle zu erkennen und darauf einzugehen. So hatte sie sich abrupt von ihrem Klavierspieler abgewendet und war mit Boris zusammen gezogen.

Sie hatte andere Stärken und – das konnte man schon wirklich sagen – sie hatten dann einige sehr schöne Jahre miteinander gehabt. Dorka war hübsch anzusehen gewesen, meistens gut aufgelegt, immer gut hergerichtet – sie hätte, wie sie selbst stolz von sich sagte, sogar in einem Kartoffelsack eine gute Figur abgegeben.

Auch wirtschaftlich war es für sie beide gut gelaufen. Boris war damals für eine Belgrader Firma häufig auf Montagereisen unterwegs gewesen und Dorka hatte sich um den Haushalt und ihre Tochter gekümmert. Und vor allem: sie hatte Boris einen Sohn geschenkt: Brane. Für seine nun komplette Familie hatten sie ein Häuschen mit Garten gemietet und das Leben war rundum in Ordnung gewesen.

Boris hatte das eheliche Zusammenleben mit Dorka sehr wohl genossen. Dorka war ihm mit ihrem raffinierten Liebesspiel und ihrer bedingungslosen Hingabe immer zur Verfügung gestanden. Selbst wenn sie einmal keine Leidenschaft verspürt hatte, dann hatte sie sich zumindest von ihm benutzen lassen, sodass er seine Lust befriedigen hatte können. In den ersten Jahren war für Boris jede weitere Nacht aufregender gewesen als die Nacht zuvor.

All die Jahre hatten beide keine Gedanken an ihre früheren Partner verschwendet. Dorka hatte das Ignorieren von Saschka durch Boris als Beweis seiner Liebe verstanden und sie selbst war in ihrer neuen Rolle vollkommen aufgegangen. Beinahe täglich hatte sie Boris versichert, wie unglaublich glücklich sie war, ihn kennengelernt zu haben und seine Ehefrau zu sein. Und immer wieder hatte sie davon geschwärmt, wie schön es war, in Boris ein Gesamtpaket aus Liebe, Geborgenheit, Sicherheit, Stabilität und Freizeitgestaltung zu haben. Ja, und zusätzlich auch noch einen Vater für ihre in die Ehe mitgebrachte pubertierende Tochter.

Anfangs hatte Boris das auch so gesehen und sich darüber gefreut, eine so glückliche und attraktive Ehefrau zu haben, die ihm einen gesunden, intelligenten Sohn geboren hatte. Aber nach einigen Jahren legte sich der Zauber und Boris fühlte, dass seine Ehe begann eintönig zu werden. Deshalb hatte er dann nicht mehr verstehen können, dass Dorka immer noch im Glück schwelgte, während er sich innerlich schon längst von ihr abgewendet hatte. Wie konnte das sein, dass sie nicht bemerkte, dass er nicht mehr ganz bei ihr war!

Wobei, „nicht mehr ganz bei ihr", konnte man nicht so richtig sagen. Er hatte einfach Lust verspürt, Lust auf Neues, auf Abenteuer, auf Exotisches, auf Asiatisches, auf eine Art von Erfüllung, die er – das hatte er mit den Jahren klar herausgefunden – von Dorka nicht bekommen konnte und würde. Denn sie, als attraktive, großgewachsene, blonde und etwas egozentrische und beinahe zu selbstbewusste Frau entsprach so gar nicht dem Bild, das er von einer perfekten Ehefrau hatte.

Wie anders war da Pleasure!

Ein Wunder an Einfühlsamkeit!

Sie schien in seinen Gefühlen zu lesen und stets all seine Gedanken zu erraten. Wann immer er etwas dachte, war sie schon zur Stelle und seine Wünsche waren erfüllt, bevor sie noch zu Ende gedacht waren.

Wenn er Pleasure jetzt so ansah, wie sie neben ihm am Esstisch saß und mit ihren zarten Händen den Löffel hielt und ihn zugleich beobachtete, um ihm selbstlos jeden Wunsch von den Augen abzulesen, da wusste Boris: Sie würde ihm für immer und ewig die Erfüllung all seiner Träume ermöglichen.

Dorka hingegen, sie mit ihrer Selbstverliebtheit und ihrer Unfähigkeit, auf ihn und seine Wünsche wirklich einzugehen ... Dorka war, im Nachhinein betrachtet, eher ein Ersatz für

Saschka gewesen. Wobei er jetzt weder Saschka noch Dorka Unrecht tun wollte, aber an Pleasure kamen die beiden bei weitem nicht heran. Und an ihre exotische Schönheit ohnehin nicht.

Pleasure!

Pleasure mit ihren kaum zwanzig Jahren – was für eine Augenweide!

Ihre schwarzen glatten Haare, ihre asiatisch geschwungenen Augen, ihre kleinen festen Brüste, ihre schlanken, für eine Thailänderin extrem langen Beine – das war die Frau seiner kommenden Jahre!

Lange schon hatte Boris nach einer Frau wie Pleasure gesucht. Auf vielen seiner Montagereisen nach Asien war er immer wieder durch Bordelle und Rotlichtviertel gestreift und hatte seine Augen offen gehalten nach einer Frau, die er eines Tages mit nach Podgorica nehmen könnte.

Er hatte sogar schon ein Jahr vor Pleasure und ohne Dorkas Wissen ein philippinisches Mädchen mitbringen wollen, aber das war damals an den Visabestimmungen gescheitert. Das heißt, das Mitbringen hatte schon geklappt, aber das Dabehalten des Mädchens nicht. Er hatte eigens eine Wohnung in Cetinje gemietet und sie dort einquartiert. Immer, wenn er nicht auf Montage, sondern in Podgorica war, hatte er zwei-, drei Mal pro Woche einen heimlichen Abstecher nach Cetinje gemacht. Aber er hatte bei der Einreise einen Fehler gemacht und, weil es einfacher zu erhalten war, nur ein Touristenvisum für sie beantragt. Das war aber nach drei Monaten abgelaufen und hätte nur auf den Philippinnen verlängert werden können. Deshalb hatte er sie wieder zurückbringen müssen.

Von all dem hatte Dorka nichts gewusst. Er hatte es ihr erst als eine Art Bestätigung erzählt, nachdem er Pleasure mitgebracht hatte, und Dorka ihm einfach nicht hatte glauben wollen, dass er sich schon längst gegen sie entschieden hatte.

Boris hatte aus dem Visumfehler gelernt und für Pleasure noch vor ihrer Einreise ein Studentenvisum beantragt, das ein Jahr lang gültig war. So lange hatte er sich Zeit gegeben, um die Ehe mit Dorka zur Scheidung zu bringen und Pleasure zu heiraten. Tatsächlich war es dann aber wesentlich schneller gegangen.

Für Dorka war seine Entscheidung ein Schock gewesen.

Warum denn?

Weil sie sich nichts hatte zu Schulden kommen lassen?

Wie konnte sie bloß annehmen, dass sich ein Mann wie Boris, der wusste, wohin er seinen Weg zu gehen hatte, vom Fehlen einer Schuld beeindrucken ließe?

Dorka hatte doch ihren Klavierspieler damals ebenso über Nacht aus ihrem Bett geworfen, ohne ihm eine Chance zu geben. Der hatte sich ebenfalls nichts zu Schulden kommen lassen, sondern Boris hatte Dorka einfach genommen, und die hatte sich nehmen lassen. Und zwar gerne und ohne Gewissensbisse und ohne sich um die Gefühle des Klavierspielers zu kümmern!

Darüber hinaus: dass er, Boris, sich nach der Trennung von Saschka nicht um diese gekümmert, sondern sein ganzes Augenmerk Dorka gewidmet hatte, war ihr damals durchaus angenehm gewesen. Wieso seine Hinwendung zu Pleasure jetzt für sie so ein Schock war, war ihm nach ihrer eigenen Geschichte nicht so recht verständlich. Scheinbar legte sie unterschiedliche Maßstäbe an und stellte ihre eigene Betroffenheit über die der anderen.

Dorka war also überrascht und schockiert gewesen.

Eigenartig, sehr eigenartig, völlig unverständlich für Boris!

Denn er war sich sicher, dass sie nicht ahnungslos sein konnte, als es dann so weit war. Im Gegenteil, er hatte sie langsam auf die Nachricht vorbereitet, dass er sich von ihr geistig bereits verabschiedet hatte. Zuerst hatte er Dorka dabei unterstützt, als sie sich Arbeit in Podgorica gesucht hatte. So würde sie mehr soziale Kontakte haben und ihr Leben nicht ausschließlich auf ihn konzentrieren, hatte er angenommen.

Später hatte er Dorka, besonders wenn er auf Montage war, immer wieder aufgefordert, fremde Männer anzusprechen und mit ihnen zu verkehren. Das hatte sie auch tatsächlich häufig getan und sie hatte, wie sie ihm immer wieder berichtet hatte, große Lust dabei verspürt. Manchmal, wenn er zu Hause war und sie zum Verkehr mit anderen Männern ermutigt hatte, war sie wegen seiner Anwesenheit beklommen gewesen und hatte zu schüchtern agiert. Dann war er mit ihr in Bars in Podgorica oder Cetinje gegangen und hatte sie ermutigt, fremde Männer anzusprechen und ihr konkrete Tipps gegeben, diese Männer zu verführen.

Ja, und einmal hatte er mit Dorka in Kotor in einen Swingerklub gehen wollen, den einige Russen dort aufgemacht hatten, die sich immer mehr in Montenegro niederließen. Aber da hatte sie dann doch beide schnell der Mut verlassen, als sie vor allen anderen ihre Kleidung hätten ablegen sollen.

Das alles hatte er getan, als Dorka begonnen hatte, ihn zu langweilen. Als guter Hobbyschachspieler, der immer ein paar Züge vorausdenkt, hatte er es in der Hoffnung gemacht, dass sich Dorka jemand anderem zuwenden würde. Denn er hatte schon geahnt, dass sie – die sie ohne Alternative war – klammern würde. Irgendwann musste Dorka doch jemanden kennen lernen, an den sie sich binden wollte! Aber Dorka hatte mit den Kontakten mit anderen Männern zwar ihre eigene Lust und die der verführten Männer genossen, aber ihr Bedürfnis nach Stabilität und Sicherheit war zu stark gewesen, um sich von Boris trennen zu wollen.

Doch Boris wollte sich trennen!

Bloß: Dorka und Gefühle erkennen – nun gut, das hatten wir schon!

Boris hatte gewusst: Er musste deutlicher werden!

Eines Tages war er von einer längeren Montagereise mit einer galanten Krankheit nach Hause gekommen. Das war nicht gerade die Deutlichkeit, die er angestrebt hatte, um Dorka zu einem Loslassen zu bewegen. Aber vielleicht hatte er die

167

Dummheit, in den Bordellen ungeschützt zu verkehren, auch unbewusst begangen, um die Beendigung ihrer Beziehung zu beschleunigen.

Außerdem war für ihn der ungehinderte Verkehr „Haut-an-Haut" zu verlockend gewesen. Die Mädchen waren noch so jung, dass er sich nicht gedacht hätte, dass sie ihn schon anstecken hätten können. Egal, eines Tages war es eben passiert. Er hatte es als Zeichen angesehen, sein Leben endlich seinen Wünschen und Träumen anzupassen. Deshalb hatte er von diesem Auslandsaufenthalt nicht nur die juckende Erinnerung seiner Lust mitgebracht, sondern auch Pleasure.

Dorka war außer sich gewesen. Einerseits war sie – und das war sie wohl bis heute – eifersüchtig gewesen, weil sie bei all ihrer Attraktivität natürlich nicht mit den Reizen einer kaum zwanzigjährigen Thailänderin mithalten konnte. Andererseits hatte sie wohl auch Angst um ihr wirtschaftliches Auskommen gehabt, denn mit ihrem eigenen geringen Einkommen konnte sie die Miete für das Haus nicht bezahlen.

Aber darauf hatte Boris keine Rücksicht nehmen können.

Sein Weg war es nun, mit Pleasure zusammenzuleben. Darüber hatte er Dorka fair und sachlich informiert und ihr seine Entscheidung mitgeteilt. Er war ausgezogen und hatte nur die nötigsten Dinge aus dem Haus mitgenommen, denn er hatte Pleasure in ihrer neuen gemeinsamen Wohnung nicht mit Gegenständen konfrontieren wollen, die aus seiner Zeit mit Dorka stammten. Aus dem Bedürfnis heraus, seine neue junge Frau vor Komplikationen zu bewahren, hatte er es Dorka überlassen, die Miete zu kündigen und alles zu räumen. Alles, das war das Haus mit allen Möbeln und Gegenständen und der Garten inklusive diesem Apfelbaum, den Dorka in einem Anfall von gärtnerischer Leidenschaft nach ihrer Hochzeit gepflanzt hatte und der ohnehin nie viele Äpfel getragen hatte.

Damit er Pleasure möglichst immer nahe sein konnte und nicht auf Montagereisen fahren musste, hatte er seine Arbeitsstelle gekündigt und war auf der Suche nach einer neuen Arbeit in Podgorica.

Es war an der Zeit, dass sich Dorka endlich kooperativ verhielte und Pleasure als neuer Ehefrau und zukünftiger Mutter seiner Tochter Respekt und Achtung entgegenbrächte. Das war nur fair und gerecht, das müsste nun auch Dorka einsehen können, wenn sie nur nicht so stur wäre!

Pleasure jedenfalls, und das wusste Boris, Pleasure würde sich in einer solchen Situation niemals so widerspenstig und feindselig verhalten. Allerdings würde es dazu auch nie kommen. Denn Pleasure war die Frau in seinem Leben, nach der er so lange gesucht hatte.

Sie würde ihn sicher nie enttäuschen oder langweilen.

Sie würde noch jung und attraktiv sein, wenn er selbst schon langsam in die Jahre käme, sie würde ihm seinen Lebensabend wirklich lebenswert gestalten.

Und deshalb, das wusste Boris ganz genau, deshalb würde er sich sicher nie von ihr trennen müssen!

Vlasta

30. August 2009

„Was soll ich denn machen? Ich habe selbst seit Monaten nichts mehr eingenommen und weiß nicht einmal, wie ich die Hypothek abzahlen soll! Wenn ich die nicht rechtzeitig an die Bank zahle, dann ist das ganze Hotel in kürzester Zeit weg und versteigert, und dann habt ihr überhaupt nichts mehr!"

Vlasta war aufgeregt und verzweifelt.

Natürlich verstand sie die Situation der Mädchen, die mit eingezogenen Schultern und traurigen Augen vor ihr standen! Sie waren nach Montenegro gekommen, um hier das große Geld zu machen. Jetzt mussten sie froh sein, dass sie wenigstens ein Dach über dem Kopf hatten und zu essen bekamen. Alles war anders gekommen als geplant. Allein der Gedanke, dass sie den Mädchen Geld geben könnte, damit die es nach Hause zu ihren Familien schickten, war lachhaft!

„Wenn nicht einmal mehr in den Puffs das Geschäft läuft, dann ist die Wirtschaft wirklich völlig am Boden!", jammerte Vlasta.

Undenkbar, und trotzdem war das wohl jetzt so!

Ebenso undenkbar wäre es gewesen, wenn ihr vor einigen Jahren jemand prophezeit hätte, dass sie eine Puffmutter in Kotor sein würde!

Ausgerechnet sie, Vlasta, die in einem wohlbehüteten Elternhaus aufgewachsen war! Sie, die ihren Namen nach ihrer Urgroßmutter bekommen hatte, um auszudrücken, dass sie einst eine einflussreiche Frau sein würde: Vlasta, die Mächtige. Das Wort ihrer Urgroßmutter hatte bei Hof Geltung gehabt, denn sie war eine enge Vertraute König Nikolas gewesen. Einige meinten mit einem Augenzwinkern sogar, eine sehr enge Vertraute, aber wer sollte das hundert Jahre später noch feststellen können. Jedenfalls hatte sie Einfluss gehabt.

Doch Vlasta, die Urenkelin?

Alles, was sie beeinflusste, war die Handvoll russischer und ukrainischer Mädchen, die hoffnungsvoll aus ihrer Heimat weggegangen waren, um in den Hotels der künftigen Tourismusmetropole Kotor als Zimmermädchen für gutes Geld zu arbeiten. Wenn man es sarkastisch sehen wollte: das war ihnen fast gelungen. Vlastas Mädchen arbeiteten tatsächlich in einem Hotel und in Zimmern, wenn auch nicht ganz so, wie sie es anfangs gedacht hatten, und auch nicht so finanziell erfolgreich.

Doch für Sarkasmus war in diesem Zusammenhang kein Platz, das war Vlasta schon klar. Eher für Galgenhumor. Leider schmeckte der nur ziemlich bitter, für Vlasta ebenso wie für die Mädchen.

Das also war die Truppe, auf die sie jetzt Einfluss ausübte: Fünf junge Frauen, die sich prostituieren mussten, um leben zu können.

Traurig, wirklich traurig!

Dabei hätte alles so anders kommen sollen!

Vor wenigen Jahren noch hatten sich die Küstenorte Montenegros auf zahlreiche Gäste aus ganz Europa vorbereitet. Die herrliche Küste, die schöne Landschaft, das milde Klima, – darin waren sich alle Experten einig: das musste einfach die Urlauber zu tausenden hierher locken! Nicht die Billigtouristen, wie sie mit Billigfliegern in Billighotels nach Antalya, Bibione, Lignano oder Mallorca flogen, um dort einen anspruchslosen Billigurlaub zu konsumieren, sondern Nobeltouristen! Weltgewandte, kultivierte und kulturinteressierte Menschen, die Niveau hatten, Wert auf Stil legten und vor allem Geld mitbrachten.

Entsprechend der erwarteten anspruchsvollen Klientel waren weit über hundert luxuriös ausgestattete Hotels aus dem Boden gestampft worden. Das war natürlich ein kostspieliges Unterfangen, aber am falschen Platz sollte man nicht sparen. Den Gästen sollte Außergewöhnliches geboten werden, und jeder Hotelbetreiber hatte versucht, die Konkurrenz zu übertreffen und noch ausgefallener und luxuriöser zu bauen. Niemand sollte erkennen können, dass diese herrliche Küste vor kurzem noch zu einem kommunistischen Land namens Jugoslawien gehört hatte.

Geldinstitute, insbesondere aus Italien und aus Österreich, hatten die Finanzierung nur zu gerne übernommen und als Besicherung für diese Kredite die Hotels selbst akzeptiert. Das war nicht ganz nach dem üblichen Maßstab, wie Kredite sonst vergeben wurden, aber in einem Hoffnungsmarkt wie diesem durfte man als Bank nicht kleinlich sein und musste fünf schon einmal gerade sein lassen. Außerdem wussten die ausländischen Banken, dass sie im Ernstfall von ihren Heimatländern aufgefangen würden und die Gehälter der Bankmanager wurden am Umsatz gemessen, nicht am Gewinn. Die Finanzierung der kühnsten Projekte war somit kein wirkliches Problem.

Alles war perfekt nach Strategie und Konzeption gelaufen, man hatte in der Planung auf nichts vergessen: gehobene Hotelausstattungen, gute Anbindung an den Flughafen, ausreichende Casinos, Geschäfte für internationale Luxusketten, raffinierte Restaurants mit Haubenpotential, bestens ausgestattete Diskotheken, geschmackvoll eingerichtete Bordelle. Da waren schon echte Werte geschaffen worden, ganz nach Plan!

Bloß – die erwarteten Touristen aus dem Westen waren nicht gekommen.

An ihrer Stelle kam anfangs kaum überhaupt jemand, dann vorwiegend russische Touristen und zuletzt – die Wirtschaftskrise. Die Russen waren auch bald die einzigen, die sich das Urlauben hier nach wie vor leisten konnten und wollten. Woher sie sogar in diesen wirtschaftlich schwierigen Zeiten so viel Geld hatten, war kaum zu verstehen. Allerdings – man muss ja nicht alles im Leben verstehen! Und manchmal ist es besser, nicht zu genau zu fragen.

Nachteilig wären die russischen Touristen ja im Prinzip auch nicht gewesen. Sie brachten unzählige Bündel Rubel mit und warfen damit nur so um sich. Allerdings hatte das nach einiger Zeit dazu geführt, dass in den montenegrinischen Küstenorten Russisch die erste Sprache geworden war und russische Umgangsformen Einzug gehalten hatten. Deshalb waren selbst jene vereinzelt aus Europa kommenden Gäste, die sich einen Badeurlaub in Montenegro trotz Krise leisten hätten können, auch bald ausgeblieben. Irgendwie war das wie eine Katze, die sich in den eigenen Schwanz biss!

Jetzt stand Vlasta also da, in ihrem durchgestylten Hotel mit Blick auf die Bucht von Kotor und konnte ihren Mädchen nicht einmal ein Taschengeld geben, das diese Bezeichnung verdient hätte.

Was halfen ihr da ihre dreißig Luxus-Suiten, ihr Swimmingpool am Dach, ihr Restaurant, in dem ein Sternekoch den Kochlöffel hätte schwingen sollen, wenn kaum Gäste kamen?

Das war so nicht vorhersehbar gewesen! Unversehens hatten sich die zahlreichen geplanten Einnahmequellen ihres Hotels als Luftblasen entpuppt und ihr Geschäftsmodell hatte sich drastisch gewandelt: statt „Zimmer mit Vollpension" vermietete sie jetzt „Mädchen mit Zimmer", und selbst dieses Geschäft ging nur mehr schleppend.

Ihr Mann Risto hatte es noch lange vor ihr erkannt: Sie würden bald keine Kreditraten an die Banken bezahlen können. Diese hatten nicht nur das Hotel und alles rundherum finanziert, sondern auch die drei geleasten Stretch-Limousinen, die seit gut zwei Jahren beinahe unbenutzt in der Garage parkten.

Wobei, unbenutzt stimmte nicht ganz. Ab und zu ließen sich russische Touristen mit einigen ihrer Mädchen im Wagen herumfahren und feierten darin eine Party mit allem, was sie darunter verstanden. Die aufwändige Reinigung danach bezahlten sie zwar ohne zu murren, aber als neuwertig würden die Limousinen beim besten Willen nicht mehr durchgehen.

Ach ja, Risto!

Der hatte das mit den Kreditraten wirklich schon lange voraus gesehen. Er war ja ein studierter Ökonom, der sein Diplom an der Universität in Belgrad gemacht hatte.

Aber auch er hatte nicht ahnen können, dass die Banken als Folge der weltweiten Krise nervös wurden, sich plötzlich nicht mehr an die mündlichen zugesicherten Vereinbarungen erinnern wollten und gemäß schriftlichen Verträgen die gesamten Kredite fällig stellten, wenn die ersten Raten nicht bezahlt werden konnten. Bald wurden deshalb unzählige Hotels entlang der Küste zwangsversteigert und gleichzeitig sank der Wert der anderen Hotels. Das wiederum verringerte den Wert der Besicherungen für die Kredite, weil das ja die Hotels selbst, und in ihrem Fall auch noch die Stretch-Limousinen, waren. Dadurch wurden die Banken noch nervöser und so ging es weiter und weiter. Die nächste Katze, die sich in den Schwanz biss!

Ja, das hatte nicht einmal ihr Risto geahnt.

Risto!

Wie es dem jetzt wohl ging?

Seit drei Monaten hatte sie nichts mehr von ihrem Mann gehört.

Seit jenem Abend, als Jaro aufgeregt zu ihnen gekommen war. Jaro arbeitete bei der Polizei und hatte schon öfters Dinge für sie auf, sagen wir, unbürokratische Art erledigt. Natürlich hatten sie sich dafür immer erkenntlich gezeigt: Jaro war ab und zu im Hotel zu Besuch, speiste fein im Restaurant und ging dann mit zweien der Mädchen für eine Nacht auf ein Zimmer. Nicht auf irgendein Zimmer, sondern in die Njegoš-Suite, die nach dem großen Helden Montenegros benannt worden war. Sie hatte vier luxuriöse Räume, ebenso viele Flachbildfernseher, drei große französische Betten, zwei Bäder, eine herrliche Terrasse mit traumhaftem Blick auf die Bucht des historischen Cattaro! Die Njegoš-Suite war eindeutig das Prunkstück in ihrem Hotel. Und in diesem Prunkstück erhielt Jaro das kleine Dankeschön für seine unbürokratische polizeiliche Zusammenarbeit.

Eines Abends war Jaro gekommen und hatte Risto und Vlasta aufgeregt zur Seite genommen. Dann hatte er ihnen, obwohl niemand in der Nähe war, besorgt zugeflüstert, dass ein Haftbefehl gegen Risto da sei. Wegen der bewussten Plantage, die Risto oben am Berg angelegt hatte.

Jaro hatte nach Einlangen des Haftbefehls überlegt, ihn kurzerhand verschwinden zu lassen. Aber das war nicht möglich gewesen, denn der Haftbefehl war von keinem lokalen Richter. Nein, er war international ausgestellt, von einem Richter in Stockholm, und da war selbst für Jaro nichts zu machen. Die einzige Rettung für Risto war, sofort verschwinden, am besten noch in dieser Nacht. Denn morgen Vormittag – oder spätestens zu Mittag, wenn Risto aus irgendeinem Grund nicht rechtzeitig weg sein konnte – musste Jaro mit zwei Polizisten kommen und Risto in Haft nehmen.

Verzweifelt hatten sie zu dritt Hajdla angerufen, ihre langjährige Freundin. Hajdla hatte einen gewissen politischen Einfluss in der Stadt, denn sie war immerhin Stadtsenatorin. Weil sie keine anderen fachlichen Qualifikationen mitgebracht hatte als das Geld ihres Mannes, war sie nur Stadtsenatorin für Kunst und Kultur, aber sie hatte immerhin Möglichkeiten, die nicht jedem offen standen.

Aber auch Hajdla hatte ihnen nicht helfen können. Sie hatte ihnen empfohlen, Jaros Rat anzunehmen, wollte aber vorher noch mit dem Bürgermeister reden. Vielleicht ließe sich da ja doch noch etwas machen. Als sie später versucht hatten, Hajdla nach dem Ergebnis ihrer Beratung mit dem Bürgermeister zu fragen, war sie nicht mehr erreichbar gewesen.

„Eine plötzliche Telefonstörung", so hatte Hajdla am folgenden Tag bedauernd erklärt. Wegen dieser hätte sie auch den Bürgermeister noch nicht erreicht. Wie auch immer – Risto war zu diesem Zeitpunkt längst über alle Berge.

Und seither hatte Vlasta nichts mehr von ihm gehört.

Am Tag nach dem abendlichen Besuch hatte Jaro angerufen und nach Risto gefragt. Eine halbe Stunde, nachdem er gehört hatte, dass Risto nicht mehr im Haus war, war Jaro mit zwei Polizisten gekommen, hatte festgestellt, dass der zu Verhaftende „unbekannten Aufenthalts war" und war wieder gegangen. Am Abend war er dann wieder gekommen, um zu kontrollieren, dass Risto auch jetzt nicht da war, hatte diskret einen gut gefüllten Briefumschlag in Empfang genommen, – „Als Dank für die unbürokratische Zusammenarbeit", wie Vlasta gesagt hatte, – und war mit zwei Mädchen in die Njegoš-Suite verschwunden.

Eine Woche später war Jaro dann mit den beiden Polizisten und einem Zeitungsreporter hinauf gegangen, in die Berge, und hatte die Plantage abgebrannt.

Vlasta war mit der Plantage von Anfang an nicht einverstanden gewesen. Aber Risto hatte ihr erklärt, dass sie ohne Einnahmen aus dem Hanf die Kreditraten nicht mehr zahlen könnten und es deshalb notwendig sei, die Pflanzung anzulegen.

Dimitri, ein russischer Gast, der ihnen auch schon zwei Jahre zuvor die Mädchen besorgt hatte, hatte Risto mit Cannabissamen versorgt. Bald darauf war das Steinfeld am Berg, weit oberhalb der Burg, eingeebnet und mit einer Bewässerung aus Regenwasser versehen worden. Die Pflanzen sprossen, wuchsen und wurden verarbeitet. Sie hatten tatsächlich den hohen Wirkstoffgehalt, den ihnen Dimitri versprochen hatte, gut 15 Prozent statt der sonst oft üblichen 7 Prozent, und deshalb erbrachten sie auch eine gute Rendite.

Dimitri hatte ihnen Sergej vorgestellt, der Risto beim Verarbeiten der Blätter half und alles lief wie am Schnürchen.

Was folgte, waren zwei problemlose Jahre für Vlasta, Risto und die Mädchen.

Bis vor einem Jahr dieser Sven aufgekreuzt war. Sven war ein schwedischer Tourist, und er war von der montenegrinischen Küste begeistert. Man kann sagen, er war das auch von Svetlana, einem von Vlastas Mädchen, aber egal – Hauptsache, er blieb lange in Kotor, wohnte in Vlastas Hotel und rauchte Ristos Cannabis.

Von dem hatte er, als er nach zwei Monaten wieder nach Hause gefahren war, ein kleines Paket mitgenommen. Nicht viel, vielleicht zweieinhalb Kilogramm. Er hätte auch gerne Svetlana mitgenommen, aber die hatte kein EU-Visum, und deshalb musste er sich auf rauchbare Souvenirs beschränken. Aber er hatte fest versprochen, bald wieder zu kommen. Seither hatten sie nichts mehr von ihm gehört. Bis eben Jaro angerufen hatte, wegen des Haftbefehls aus Schweden.

Und jetzt war Risto irgendwo und sie stand mit dem Hotel und den Mädchen und ohne Gäste da. Natürlich würde sie die beiden Bankdirektoren wie üblich mit den Mädchen in die Njegoš-Suite einladen, wenn sie nächste Woche kämen. Aber auch das konnte nur einen Aufschub von ein, zwei Monaten bedeuten, nicht mehr.

Andererseits, so dachte sie, vielleicht würde ja in dieser Zeit ein Wunder geschehen?

Hätte sie, als sie sich das überlegte, in die Zukunft blicken können, dann hätte sie sich in Stockholm gesehen, als Eisverkäuferin auf Djurgaarden. Da sie das aber nicht konnte, blieb ihr vorerst nur die Hoffnung auf ein kleines persönliches Wunder in diesem an Wundern so reichen Land.

ORBÁN

12. September 2031

„Das wird ein Spaß!", flüsterte Slava unterdrückt jubelnd ihrem Ehemann Slavko und ihrer Freundin Ksenija zu. „Das machen wir! Lasst uns aber Vuk und Dorka auch mitnehmen."

„Wenn die beiden mitkommen, will aber auch sicher der verrückte Franjo mit dabei sein, und bei seinem Hang zum Alkohol kann das böse enden", gab Slavko zu bedenken.

„Was wollen sie denn mit uns tun, wenn sie uns erwischen? Einsperren etwa?", kicherte Slava.

„Ja, klar, als Rentnergang", lachte Ksenija kurz laut auf und hielt sich sofort die Hand vor den Mund. Eingesperrt werden, das hätte ihr damals blühen können, aber jetzt, mit ihren knapp achtzig Jahren, war dieser Gedanke lächerlich. Damals, das war, als sie gemeinsam mit ihrem Srečko versucht hatte, einem ausländischen Geschäftsmann oder Agenten oder Spion oder sonst etwas ein ihnen nicht gehörendes Tal mit einem großen See darin als Golfplatz zu verkaufen. Das hatte leider nicht geklappt mit dem Amerikaner. Er war doch ein Amerikaner, nicht wahr? Egal, es war gut ausgegangen, nachdem sie weg gelaufen waren, als der Amerikaner in den gefrorenen See eingebrochen war und deshalb den Betrug gemerkt hatte. Dabei hatten sie mehr Angst vor seinen Schlägertruppen gehabt hatten als vor der Polizei. Diese hätten sie notfalls bestechen können, aber die Clans kannten kein Pardon. Warum der Amerikaner damals so schnell abgereist war und sie damit seiner Rache entgangen waren, hatten sie nie in Erfahrung bringen können. Er musste es sich wohl seinerseits mit den mächtigen Clans in Montenegro angelegt haben, anders war es nicht erklärlich.

Auch Ksenija würde sich diesmal mit jemandem anlegen, und zwar mit der Verwaltung ihres Seniorenheims „Herbstglück in Plužine". Das wollte sie gemeinsam mit den beiden ältesten Bewohnern allerdings so heimlich tun, dass die Direktoren gar nichts davon mitbekommen würden. Sie freut sich schon, den Mächtigen diesen Streich spielen zu können.

„Ich fände es lustig, wenn sie uns erwischten und einsperrten", feixte Slavko. „Wir wären sicher das erste Ehepaar, das seinen hundertsten Geburtstag gemeinsam im Gefängnis auf Staatskosten verbringen müsste!"

„Ja, du", boxte ihn Slava seitlich in den Oberarm. „Wenn es nach dir gegangen wäre, hätten wir schon längst auf Staatskosten leben müssen, nachdem du unser schönes Haus so toll renoviert hattest, dass nur mehr die Außenwände übrig geblieben sind."

Slavko sah sie mit lachenden Augen an ohne etwas zu erwidern. Beinahe täglich hatte er diese verrückteste Geschichte seines Lebens von seiner geliebten Slava in den verschiedensten Varianten gehört. Sie schaffte es irgendwie immer wieder, eine Verbindung dazu herzustellen und ihn auf den Arm zu nehmen. Er schmunzelte und strahlte sie an, denn er liebte sie, wie man nur lieben kann, und ihr ging es wohl genauso. Sie war schon eine verrückte Hummel, lebensfroh und optimistisch, egal, was ihnen passierte. Natürlich hatte sie so wie er ihre Wehwehchen und körperlichen Grenzen. Dass sie beide aber in ihrem gesegneten Alter noch immer gut auf den Beinen und vor allem klar im Kopf waren, das war schon eine besondere Gnade. Ja, und vielleicht trug auch Slavas Art die Dinge zu sehen ein wenig dazu bei.

Slava hatte doch aber recht mit ihrer Einstellung: Im Leben ging immer eine Türe auf, wenn sich zuvor eine andere geschlossen hatte.

Ihre Tochter Milena und ihr Schwiegersohn Rado etwa, die beiden hatten brav und fleißig gearbeitet. Sie war Krankenpflegerin irgendwo in Niederösterreich und er hatte mit seinem Lastwagen Sauerkraut und Oliven und später dann Erdäpfel, Futtermittel und Pferdefleisch kreuz und quer durch Europa gefahren. Einmal hatte Rado ein kleines rechtliches Problem in Deutschland gehabt und war kurz eingesperrt gewesen, aber das war bald ausgestanden. Die beiden hatten also über viele Jahre alles Geld, das ihnen übrig geblieben war, zur Vorsorge für ihren Lebensabend auf ihr Konto bei der serbischen Investbanka einbezahlt und dann, als die in Konkurs gegangen war, kaum mehr etwas davon zurück bekommen. Gerade als endgültig klar gewesen war, dass sie von ihren Sparguthaben nichts mehr sehen würden, erhielt Rado von einem montenegrinischen Bekannten im Staatsdienst einen riesigen Auftrag, der offiziell zwar nicht, irgendwie aber doch im Zusammenhang mit den Tagen im Gefängnis stand – deutlicher hatten sich Milena und Rado darüber nie ausgelassen – und ihre finanziellen Sorgen waren mit einem Schlag behoben.

Oder Vuk, der wie sein Vater Arzt geworden war und in Zagreb im Spital gearbeitet hatte. Dem war es ganz ähnlich ergangen. Er hatte jenen Teil seines Einkommens, den er erfolgreich an seinen drei Exfrauen mit den vier Kindern vorbei schummeln konnte, regelmäßig bei der Ljubljanska Bank in Zagreb einbezahlt. Nach dem Auseinanderbrechen Jugoslawiens aber hatte die schließlich slowenisch gewordene Bank die Gelder aus den ausländisch gewordenen Filialen in die Zentrale transferiert und die Kunden der „im Ausland" befindlichen Filialen kalt lächelnd an ihre jeweiligen Regierungen verwiesen: Diejenigen, die ihr Geld bei der Filiale in Sarajevo angelegt hatten, an die Regierung von Bosnien-Herzegowina, diejenigen aus Zagreb an Kroatien und so weiter. Vuks Verzweiflung konnte man sich leicht vorstellen. Gut, in Vuks Fall war die aufgehende Türe etwas länger unsichtbar geblieben. Doch als nach knapp zwanzig Jahren Kroatien endlich auch zu Europa beitreten wollte, hatte der kroatische Staat die kroatischen Sparer der Ljubljanska Banka wenigstens teilweise entschädigt, um den Streit mit Slowenien beizulegen, der anderenfalls den Beitritt verhindert hätte. Dieses Geld hatte sich Vuk auszahlen lassen und es hier irgendwo im Seniorenheim versteckt. Nicht einmal seine unternehmungslustige und immer zu Späßen aufgelegte Ehefrau Dorka, die er hier im Heim erst kennen gelernt hatte, wusste wo das Geld verborgen war. Von Zeit zu Zeit vergönnte er ihnen allen etwas damit, etwa einen gemeinsamen Bootsausflug auf den See vor ihrer Anlage, den Pivsko Jezero. Dann prosteten sie sich alle auf die Zeit zu, als es noch ein Jugoslawien gegeben hatte.

So einfach war das alles also am Ende, wenn man eine so fröhliche und positive Einstellung wie Slava hatte!

Ja, seine Slava war schon eine wunderbare Frau, mit der er so viel gemeinsam erlebt hatte. Jeder, der sie sah, mochte sie einfach. Und wenn sie mit ihm zusammen etwas aushecke, konnte sie temperamentvoll und begeisterungsfähig Spaßettln treibend wie in jungen Jahren sein. So eben auch diesmal, wenn es darum ging, am Wochenende in eine Verwaltungswohnung einzudringen und dort heimlich drei Tage zu wohnen und all die modernen Geräte zu sehen, ja sogar auszuprobieren, die sie sonst nur aus der Zeitung kannten.

All das, was in den letzten zwanzig Jahren an Neuem erfunden worden war, waren kleine Wunder, die in ihrer Jugend vollkommen undenkbar gewesen waren. So großartig diese Wunder in den Zeitungen beschrieben waren – sie blieben denen vorbehalten, die die finanziellen Mittel dafür hatten, und das betraf im „Herbstglück in Plužine" sicherlich niemanden der Bewohner.

Es ging ihnen im Seniorenheim ja nicht schlecht, das musste man schon betonen. Besonders in den letzten zehn Jahren waren viele neue Bewohner aus Schweden, Österreich, Frankreich und Dänemark hierher nach Plužine gekommen und hatten für viel Abwechslung gesorgt. Seit damals schickte nämlich die Europäische Verwaltung aus Kostengründen seine immer zahlreicher werdenden Senioren gezielt in Heime in den Süden auf den Balkan, so wie die Amerikaner ihre Pensionsjahre gerne in Florida verbrachten. Der Unterschied war nur: In Amerika mussten die Senioren selbst für solche Anlagen mit Rundumbetreuung bezahlen, während das in Europa für die meisten von der Europäischen Verwaltung erledigt wurde.

Natürlich gab es auch am Balkan Unterschiede: Wer sich das Wohnen in einer Privatresidenz leisten konnte, bevorzugte eine der Anlagen in Kotor, Herceg Novi oder Budva. Dort teilte man sich die Städte und den Strand mit den chinesischen und indischen Touristen, die die einheimische Bevölkerung und sogar die ehemals stark frequentierenden russischen Gäste längst verdrängt hatten. Diese Seniorenanlagen, die oft an Stelle der vor dreißig Jahren errichteten Hotelpaläste gebaut worden waren, spielten wirklich alle Stückerln: Alle Wohneinheiten waren bis ins Detail elektronisch gesteuert: Nahm man etwa eine Flasche Milch aus dem Chang-Xinxian-Kühlschrank („Immer frisch"), wurde automatisch drei Stunden später von der Zustellfirma eine volle Flasche nachgeliefert und eingeschlichtet. Genauso funktionierte das mit allen anderen Lebensmitteln.

Ähnlich bequem war das mit der Wäsche: Das altmodische Waschen oder Reinigen war in diesen Anlagen längst durch die Yifu-Gänjing-Kammern („Saubere Kleidung") ersetzt worden, in die man abends getragene Kleidung aufhängte und am nächsten Tag wieder sauber heraus nehmen konnte.

Oder aber mit Filmen und Nachrichten: Die konnte man sich mit den modernen Jiqiedou-Geräten („Alles-in-Ordnung") durch ein bloßes Fingerschnippen oder einen Sprachbefehl auf jeder beliebigen Wand in einer Wohnung sofort ansehen. Aber auch darüber hinaus waren die Jiqiedous wahre Zaubergeräte, denn mit einem weiteren Gerät derselben Firma konnte man für eine automatische Reinigung der Wohnung sorgen.

Von den Feisu-Fliegern („Blitzschnell") ganz zu schweigen, die mit ihren Vorgängern, den Hubschraubern, nicht mehr viel gemeinsam hatten. Kaum eine Seniorenwohnanlage an der Küste verfügte nicht über mindestens zehn solcher Geräte, die die Menschen in wenigen Minuten zum Flughafen am Shkodra-See brachten und ihnen eine früher ungeahnte Mobilität ermöglichten.

Die neue Zeit hatte also neue Technik und neue Möglichkeiten gebracht, die man vorher nicht erahnt hätte. Hier in Plužine hatten die Bewohner des Seniorenheimes das natürlich nicht zur Verfügung. Aber es gab ja eben auch noch die Wohnungen der Direktoren!

Diese Verwaltungswohnungen waren mit allerneuester Technik ausgestattet, dafür sorgten die regelmäßigen Überweisungen des Europäischen Verwaltungsamts für Seniorenwohnheime.

Um eine Direktionsstelle in einem solchen Heim zu bekommen, war es so wie in alten Zeiten sehr nützlich, gute Beziehungen zu haben. Das war mit ein Grund, weshalb so viele Menschen vom Balkan in den letzten Jahren große internationale Karrieren gemacht hatten, denn hier hatte man immer schon viel Wert auf persönliche Freundschaften gelegt.

Eben diese Gepflogenheiten hatte einige Bewohner des Heims auch Freundschaft mit Jassy schließen lassen. Die hübsche Wienerin, die ihren Namen nach ihrer Großmutter Jasmina hatte, war eine von vielen Zwanzigjährigen, die ihr verpflichtendes Sozialjahr ableistete. Sie tat das eben hier in Plužine. Sie hätte sich natürlich auch für eine andere Stelle irgendwo in Europa bewerben können. In Deutschland oder Polen zum Beispiel sollte es seit dem Klimawandel besonders zur Zeit der Zitronenblüte sehr schön sein, wie man hörte. Aber Jassy hatte ihnen erzählt, dass ihre Großmutter im Bosnienkrieg aus Trebinje über Rožinje und Kopenhagen nach Wien geflüchtet war und sie, Jassy, nun ein wenig von der alten Heimat ihrer Familie sehen wollte.

Der Freundschaft zwischen Jassy und einigen Bewohnern war sicherlich auch zuträglich, dass Vuk ihr ab und zu etwas aus seinem geheimen Schatz zusteckte und so hatte es sich ergeben, dass ihnen Jassy eines Tages ein ganz besonderes Geheimnis anvertraute: Über das ganz normale dreitägige Wochenende wären alle Direktoren zu einer Konferenz in Beijing und die Verwaltungswohnungen daher leer. Und – und jetzt kam das Sensationelle! – Jassy würde die Zugangscodes kennen und aus Dankbarkeit für ihr schönes Sozialjahr, das beinahe vorbei war, an die lustige Runde verraten!

Das wäre ein Abenteuer! Sie würden alle Geräte in den Verwaltungswohnungen ausprobieren, sich gleichzeitig an allen Wänden verschiedene Filme ansehen, die Kühlschränke plündern, ihre Wäsche säubern lassen – es würde ein großartiges Erlebnis werden!

Am folgenden Freitag schlenderten Slava, einen gefüllten Wäschesack mit sich tragend, Slavko, Ksenija, Vuk, Dorka und der verrückte Rajko nach dem Frühstück betont unauffällig weg vom Bewohnerbereich, hin in Richtung der Verwaltungswohnungen. Vor Direktor Orbáns Haus probierte Vuk den Code aus, den ihnen Jassy genannt hatte und – die Tür zum Paradies öffnete sich!

Schnell traten sie alle ein und Dorka klatschte einmal kurz in die Hände, wodurch sich der Eingang hinter ihnen wieder verschloss. Alle verharrten kurz, um sich zu orientieren.

Gleich nachdem Vuk neben der Türe die zentrale Raumsteuerung entdeckt hatte, verteilten sie sich auf die einzelnen Räume und begannen, alle möglichen Knöpfe auf verschiedenen Befehlseingebern zu drücken. Wie durch Zauberhand bewegt verdunkelte sich das Glas der großen Front, durch das sie zum Bewohnertrakt sehen konnten, schoben sich gemütliche Sofas und Fauteuils, sowie elegante Barhocker durch den Raum, klappten Türen aus den Wänden und offerierten dahinter verwahrte Flaschen mit diversen alkoholischen Getränken.

Franjo, mit seinen knapp siebzig Jahren der Jüngste in der Runde, – was ihm aber aufgrund seiner vielen Falten nicht anzumerken war – strahlte über sein verrunzeltes Gesicht. Er schnappte sich rasch eine Flasche, öffnete sie, roch daran, roch nochmals, setzte sie an die Lippen an und nahm einen guten Schluck.

„Herrlich!", begeisterte er sich. „Dieser Rakija hier ist großartig, das sage ich euch!"

Sofort machte er es sich bei der Bar bequem. Während Vuk ihm dabei Gesellschaft leistete, probierten die anderen aus, was es sonst noch so alles zu sehen und zu drücken gab.

Slava suchte und fand die Yifu-Gänjing-Kammer. Sofort packte sie die mitgebrachte Wäsche aus dem Sack, um auszuprobieren, ob die Kleiderreinigungskammer ihrem Ruf gerecht wurde. Über Nacht würde die Wäsche hier hängen bleiben müssen, aber das war sicherlich eine angenehmere und schonendere Vorgehensweise als die Waschmaschine und der Trockner in der Wohnanlage.

Danach ging Slava in die Küche, fand die Steuerung der Essenszubereitung, schaltete das Mikrofon ein und sprach sehr laut und überdeutlich hinein: „Ich hätte gerne einen Šopska-Salat und eine Portion Pljeskavica, bitte." Sofort begann sich am Grill etwas zu bewegen, sechs kleine Fleischbällchen rollten aus der Wand, wurden in eine längliche Form gequetscht und auf den Grill gelegt. An der gegenüberliegenden Küchenwand klappte eine hochglanzpolierte Stahlführung auf und die einzelnen Zutaten für den Salat fielen in die darunter stehende Schüssel. Slava war außer sich vor Freude. „Und ich habe einmal Kachelöfen für das größte Wunder auf diesem Planeten gehalten!", rief sie begeistert den anderen zu. Doch die hörten sie nicht, denn sie waren alle beschäftigt:

Dorka lag auf einem großen Bett und ließ sich von kleinen künstlichen Händen massieren, die in der Matratze steckten. Sie hatte entdeckt, dass man nicht nur eingeben konnte, an welcher Körperstelle man massiert werden wollte, sondern auch mit welcher Stärke und Grifftechnik. „Ist das angenehm! Das müsst ihr auch ausprobieren!", genoss sie verzückt die entspannende Behandlung.

Ksenija war irgendwo in einem Arbeitszimmer verschwunden und Slavko schnippte in der Zwischenzeit die verschiedensten Filme an die Wände. Er verstand nichts davon, denn sie alle waren fremdsprachig. Ärgerlich rief er: „Du blöde Fernbedienung! Ich verstehe kein Hindi und kein Mandarin. Hast Du nichts in schönem altem Montenegrinisch für mich?" Kaum hatte er das Wort „Montenegrinisch" gerufen, schalteten die Filme um und waren ab da in Slavkos Muttersprache zu hören. Slavko war überwältigt.

„Das müsst ihr erlebt haben!", rief er den anderen zu. Da ihn niemand hörte und er seine Freude mit den anderen teilen wollte, eilte er zu Vuk und Franjo, die die Flasche schon halb geleert hatten.

„Ich sage dir, das ist der beste Pfirsich, der mir in den letzten Jahrzehnten untergekommen ist!", war Franjo überzeugt. Vuk nickte anerkennend.

Slavko wollte den beiden seine Entdeckung mitteilen. „Schaut doch, ich kann bei den Filmen die Sprache ändern!", rief er.

Aber die beiden beachteten ihn nicht, sondern fachsimpelten weiter über die Flasche und deren Inhalt. Mit einem bewundernden Blick hielt Franjo das gläserne Behältnis in der Hand: „Prepečenica, original aus Montenegro".

Franjo nahm Vuk an der Schulter, schaute Slavko verschmitzt an und sagte: „Da fällt mir eine Geschichte ein, wann ich den letzten wirklich guten Pfirsich getrunken habe. Das war in Podgorica, so vor gut vierzig Jahren, denke ich, und ich hatte Durst, aber keinen einzigen Dinar ..."

Franjo erzählte seine Geschichte aus den Tagen, als Jugoslawien zu zerfallen begann, Slava brachte ihren Šopska Salat und ihre Pljeskavica aus der Küche, Dorka hatte sich entspannt hinzu gesellt und alle ringsum gaben Geschichten und

Anekdoten aus ihrem Leben zum Besten. Die Stimmung war ebenso ausgezeichnet wie die Getränke.

Da kam Ksenija mit einem Stapel Papier aus Direktor Orbáns privatem Arbeitszimmer. „Ich bin ja nur eine einfache Frau mit Grundschulabschluss, aber dass das hier nicht stimmen kann, sehe sogar ich", sagte sie zu den anderen.

„Was meinst du denn?", erkundigte sich Slavko.

„Wie viele Bewohner sind wir hier?", legte Ksenija die Lunte.

„Einhunderteinundfünfzig", gab Vuk zur Antwort. „Ich weiß das, weil das gestern einer der Betreuer gesagt hat." – „Und weil seither keiner gestorben ist", fügte Franjo hinzu.

„Seht ihr!", triumphierte Ksenija. „Hier in den Schreiben vom Europäischen Amt für Seniorenheime an Direktor Orbán zur monatlichen Kostenabrechnung ist die Rede von zweihundertzwanzig Bewohnern!"

„Das muss ein Irrtum sein!" – „Lass sehen", waren alle sofort aufgeregt. „Tatsächlich, das stimmt!" – „Das gibt es doch nicht!" – „So viele, das kann doch gar nicht sein, wo doch der halbe Trakt im Norden leer steht!"

„Schaut mal, da sind ja Namen von Bewohnern genannt, die seit fünf Jahren verstorben sind!", hatte Vuk die Lösung gefunden.

„Waaaas? Dafür kassiert er monatlich von der Europäischen Verwaltung Geld? Das ist doch Betrug!" – „Natürlich, Betrug!", waren sich alle einig. – „Betrug und Korruption!"

„Dieser Orbán ist ein schamloser Betrüger und Manipulierer und die Europäische Verwaltung ist dumm genug, sich von ihm abzocken zu lassen!" – „Aber sicher nicht mehr lange! Dem gehört das Handwerk gelegt!"

Aufgeregt redeten alle ob dieser ungeheuren Entdeckung durcheinander.

In diesem Moment öffnete sich die Türe und zwei Leute von der Zustellfirma kamen herein, um die verbrauchten Lebensmittel zu ersetzen. Verdutzt hielten sie inne und erkannten auf einen Blick, dass die Eindringlinge sich hier nicht berechtigt aufhalten konnten.

Sofort aktivierten sie die Sender an der Wand, die die Bilder direkt nach Beijing an Direktor Orbán übertrugen und ihn informierten.

Menschen mit einer weniger zuversichtlichen und positiven Einstellung hätten in dieser Situation vermutlich die Verwaltungswohnung rasch verlassen und auf eine möglichst sanfte Reaktion des Wohnungsinhabers gehofft. Insbesondere als sie der Wachdienst nur zehn Minuten später reichlich unsanft aus ihrem Paradies vertrieb, hätten bei weniger positiven Menschen Befürchtungen über die Zukunft aufkommen können. Nicht so aber bei der fröhlichen Seniorenrunde am Ufer des Pivsko Jezero.

Zu Recht!

Denn am selben Abend hatte Direktor Orbán seine Konferenzteilnahme in Beijing angesichts dieses ungeheuerlichen Vorfalls unterbrochen und war ins „Herbstglück in Plužine" geeilt, um die frechen Abenteurer zur Rede zu stellen und für eine angemessene Abmahnung und Bestrafung zu sorgen.

Diese Unterredung endete jedoch anders, als er es vermutlich beabsichtigt hatte, denn am nächsten Morgen war Orbán schon wieder in Beijing und die Eindringlinge wieder in seiner Verwaltungswohnung.

Darüber hinaus, – und das verstand nun wirklich niemand mehr von den Angestellten und anderen Bewohnern, – erhielten Slava, Slavko, Ksenija, Vuk, Dorka und Franjo die Erlaubnis, monatlich ein Wochenende in ihrem neuen, kleinen Paradies verbringen zu dürfen. Dass Slava und Slavko außerdem sogar ihre einhundertsten Geburtstage dort feierten, versteht sich beinahe von selbst.

Für die flotten Rentner hatte sich wieder einmal eine Tür geöffnet. Den Grund für Orbáns Großzügigkeit und Nachsicht, den konnte niemand je in Erfahrung bringen.

Ich

26. Juli 2013

Schwarze Wolken hängen tief über der Stadt und scheinen die Dächer beinahe mit ihren schweren Bäuchen zu berühren. Wie eine Sturzflut prasselt aus dem Dunkel der warme Gewitterregen auf den Trg Republike. Die wenigen Menschen, die noch auf der Straße sind, hasten eilig zu ihrem Ziel oder zum nächsten schützenden Unterstand. In kurzen Abständen beleuchten Blitze für wenige Momente die Szene und beinahe gleichzeitig erbebt die Luft im Zentrum von Podgorica durch dröhnend lautes Krachen.

Ich sitze in der Deckung der Arkaden des Kaffeehauses, ermüdet von der Hitze der letzten Wochen, und beobachte, wie die Straße davor in wenigen Minuten von einem staubigen Asphaltband zu einem unüberwindlichen Bachbett geworden ist. Tropfen, die sich unter die Arkaden verirrt haben, werden heftig vom Boden zurück geschleudert und springen von unten an mir hoch. Ich genieße das, so wie ich die frische Luft genieße und die Abkühlung. Tief sauge ich die Erlösung von der Schwüle der letzten Tage in meine Lungen.

Wie gut der Regen tut!

Zu lange war er in diesem Sommer schon ausgeblieben.

In diesem Jahr schien es, als hätte die unbarmherzige Sonne, ohne die es kein Leben auf der Erde gibt, vorgehabt, eben dieses Leben auszutrocknen.

Die Wiesen am Gorica, dem Hügel oberhalb der Stadt, waren braun und ausgedörrt wie die Gesichter der wenigen Menschen, die auf den Straßen zu sehen waren. Wann immer sich kleine Windwirbel die Steigung zum Gorica hinauf schraubten, trugen sie weithin sichtbar Unmengen von Staub und Partikeln der vertrockneten Erde mit sich. Es war, als wollte ein unsichtbarer Riese den Gorica wie im Spiel noch höher aufschütten.

Der Fluss, der sich knapp außerhalb der Stadt aus der Vereinigung zweier kleinerer Flüsse bildet und dann auf der anderen Seite der Häuser in den Shkodra-See mündet, war schon seit Wochen ein lächerliches Rinnsal, ein Schatten seiner selbst. Niemand, der ihn so zum ersten Mal sähe, könnte verstehen, wie er jemals dieses gewaltige Flussbett hat bilden können.

Die unbarmherzige, sengende Hitze lähmte die Stadt, sie lähmte die Menschen, die Natur, und es schien, als würde sie sogar die Uhren lähmen, deren Zeiger sich noch langsamer als sonst bewegten.

Die Zeit schien still zu stehen in Podgorica. Und mit ihr das Leben auch.

Das Leben!

Was war es denn, das Leben?

War es etwas, das tatsächlich atmete, sich bewegte, wandelte, umformte oder gar neu erschuf? Oder ähnelte es ein Stillstand, einem Verharren in einem Zustand mit kaum erwähnenswerten Veränderungen? War es eine Weiterentwicklung, wenn ja dann sprunghaft oder aber kontinuierlich? Oder war es lediglich eine Wiederholung des Lebens von gestern, von vorgestern, vom vergangenen Jahr?

Was war es bloß, das das Leben vom Nichtleben unterschied?

Ich starre in die Finsternis des Gewitters und verliere mich in meinen Gedanken. Ich denke zurück an den Tag, an dem ich zum ersten Mal hier gesessen bin.

Was hat sich in diesen drei Jahren nicht alles verändert! In meinem Leben und in jenem der Menschen, die hier um mich sind. Es mag unbedeutend für die Erde und das Leben darauf sein, aber oft so entscheidend für den Einzelnen.

Der Mann dort drüben etwa, zwei Tische weiter, ja, der Graumelierte mit der Aktentasche beim linken Fuß: Er sieht so unendlich traurig aus. War er immer schon so traurig? Wohl kaum, er wirkt eher wie jemand, der betroffen ist und nicht weiß, was er tun kann. Wie er da sitzt, mit hängenden Schultern, Augen und Armen, wie er abwesend seine Aktentasche anstarrt und den Kopf nicht hebt. Er wirkt mutlos, kraftlos, so, als ob ihm das Schicksal vor kurzem schwer mitgespielt hätte. Was ist ihm zugestoßen? Hat er etwas verloren? Seine Arbeit? Einen Freund? Gar eine nahe Angehörige? Jedenfalls wohl seine Zuversicht!

Oder das Pärchen am Tisch dahinter, dem Alter und Anschein nach Studenten. Für die beiden existiert die Welt rundherum nicht, denn sie sitzen übereinander, aufeinander und ineinander verschlungen und verknäuelt und tun sich schwer, ihre Verliebtheit in gesellschaftlich geduldete Formen zu bändigen. Seit wann kennen sie einander? Seit wann lieben sie einander? Welche Ereignisse haben sie zusammen gebracht?

Dagegen der etwas außer Form geratene Mann am Tisch davor, dessen Anzug nicht mit ihm mitgewachsen ist, und dem man angesichts seines verbliebenen fettigen Haarkranzes eine Glatze wünschen möchte: War er immer schon so cholerisch veranlagt, wie er das zeigt, indem er den Kellner zum dritten Mal lauthals schikaniert und herumkommandiert? Und der dem Kellner jetzt, beim Bezahlen der Rechnung, die Zeche und ein lächerliches Trinkgeld so auf den Tisch wirft, dass die Münzen von dort in den Regen auf den Boden rollen und sich der Kellner nach ihnen bücken muss? War es schon immer so? Was will er denn dadurch zeigen? Seine Überlegenheit? Seine Macht? Seine Unzufriedenheit mit sich und der Welt?

Dagegen eben dieser Kellner, der die ganze Zeit schon viele Tische betreuen muss und dennoch versucht, bei allen Gästen zur Stelle zu sein, obwohl er sich sichtlich unwohl fühlt, mit den Menschen zu reden. Dieser Kellner, der die Münzen jetzt am Boden zusammensucht, sich trotz der entwürdigenden Behandlung auch noch bedankt und der den Gästen nicht in die Augen sehen kann, wenn er ihre Bestellungen annimmt.

Ist er einfach nur scheu oder ist er verletzt oder ängstlich? Wie steht es um seine Selbstachtung? War er immer schon so oder hat ihm etwas mitgespielt? Wieso muss er als Kellner arbeiten und nicht irgendwo, wo er Menschen ausweichen kann?

So viele Menschen, so viele Schicksale, so viele Ereignisse und so viele Gedanken! So viele Leben!

Meine Müdigkeit nimmt mich gefangen. Das heftige Regengeprassel hat etwas Beruhigendes und ich schließe meine Augen.

Ich denke an jenen Tag zurück, damals, vor drei Jahren. Damals, als ich in der Stadt die erste Eindrücke gewann und hier im Kaffeehaus versuchte, die Bedeutung von Schuld und Unschuld zu verstehen.

Schuld und Unschuld!

Was für archaische Worte!

Sie haben mich immer schon sehr beschäftigt. Oft, wenn ich Menschen begegnete, fragte ich mich, ob sie schuldig oder unschuldig waren. Je mehr ich mir diese Frage stellte, umso verzweifelter wurde ich, denn nach einigem Schaben und Kratzen an der Oberfläche, dieser äußeren Schutzschicht konnte ich nirgends mehr Unschuld erkennen.

Doch das warf noch mehr Fragen auf, als es beantwortete. Denn wo endet Unschuld, wo beginnt Schuld? Wann und warum verliert jemand seine Unschuld? Ist Schuld etwas Individuelles oder kann sie auch kollektiv entstehen? Wenn sie nicht höchstpersönlich ist: kann sie vielleicht sogar angeboren sein oder vererbt von den Vorfahren und Großeltern? Kann man Schuld wieder verlieren und Unschuld gewinnen oder geht das nur in eine Richtung?

Damals, als ich hier am Trg Republike wieder einmal eine Antwort auf diese Fragen suchte, setzte sich dieser Mann zu mir, Duško.

Zuerst beobachtete er mich, wie ich meine Gedanken in den Laptop tippte und nebenbei versuchte, die Fliegen zu verscheuchen, die mich umkreisen. Dann begann er, in einer langen Wortfolge auf mich einzureden. Er sprach montenegrinisch und ich verstand nur jedes zweite Wort, von dem, was er erzählte. Aber ich spürte, es war wichtig für mich, ihm zuzuhören.

Wenn ich jetzt daran zurück denke, rieche ich sein etwas aggressives Rasierwasser. Ich sehe die Fliege, wie sie über meinen Laptop kriecht und wie mich das plötzlich gar nicht mehr stört. Und jetzt höre ich ihn monoton, aber doch Interesse weckend, auf mich einreden und mit einem Mal bin ich mitten in seinen Geschichten.

Ich sehe Julija, wie sie mit ihrer Freundin Elena in die osmanische Sklaverei humpelt. Die beiden, die nach den brutalen Vergewaltigungen verstümmelt wurden und auf die nun ein ungewisses Schicksal wartet. Wie werden sie sich in dem fremden Land zurechtfinden? Werden ihre Wunden heilen, also zumindest die körperlichen Wunden? Werden sie ihren Frieden finden und vielleicht auch einmal Heilige werden, so wie ihr Fürst Lazar, der freiwillig den Märtyrertod gewählt hat?

Ich sehe Leonardo auf seinem Balkon in Cattaro, wie er über die mangelnde Loyalität von Freund und Feind den Kopf schüttelt. Ein braver Beamter, der im Auftrag seiner venezianischen Regierung weit entfernt von zu Hause versucht, den strategisch so wichtigen Hafen gegen die überlegenen Osmanen zu sichern. Ein Mann, der von denen, die er beschützt, und sogar von seiner eigenen Regierung hintergangen wird. Wie hätte ich an seiner Stelle gehandelt? Wird er das Geld, das er für den Abzug der Osmanen eingesetzt hat, zurück bekommen? Oder wird er sich mit einem erdverbundenen Spruch seines Dieners Pietro über die Ungerechtigkeit der Welt trösten müssen?

Ich sehe Ljes, höre wie der bischöfliche Dolch knirschend durch seine Kleidung dringt, geführt ausgerechnet von seinem engsten Vertrauten, Goce. Auch wenn man bedenkt, dass Stammesführer oft nur ein kurzes Leben hatten und keine Schwäche oder Skrupel zeigen durften: Ist dieser Mord eine gerechte Antwort auf seine eigenen Brutalitäten oder entspricht er der moralischen Akzeptanz der damaligen Zeit? Wie ist das mit dem Verräter? Wie wird er damit umgehen, dass er die Fronten gewechselt und seinen eigenen Lebensretter ermordet hat?

Ich sehe Rajko und seinen Freund Mirko, den der Wahnsinn angesichts seines abgesägten Beines vor der Wirklichkeit schützt. Was werden die beiden wohl nach ihrer Heimkehr nach Dubrovsko erleben? Wie werden sie von ihren Familien aufgenommen werden? Was wird Marijana mit ihren vielen Kindern machen, nachdem Rajko als Krüppel zurück gekehrt ist? Wird Draga ihren Mirko auch mit nur einem Bein als Mann zurücknehmen? Werden Rajko und Mirko vom König, für den sie ihre Beine geopfert haben, unterstützt werden?

Ich sehe Mihajla, wie sie Fackeln auf die Moschee wirft, in die sich hunderte verängstigte Muslime geflüchtet haben, und die dabei verhängnisvoll ihren Mitstreiter Goran in Brand setzt. Ich sehe Goran verzweifelt um Hilfe rufen und um sein Leben kämpfen und höre im Hintergrund die eingeschlossenen Menschen. Ich sehe Mihajlas Unfähigkeit, von dem Weg, den sie vor sich sieht, auch nur kurzfristig abzuweichen. Ich sehe ihre Unflexibilität, derentwegen Goran verbrennt, während sie scheinbar unberührt das Geschehen beobachtet. Wie wird sie damit leben? Wird sie auf Freunde und vermeintliche Feinde hören können oder wird sie ihre Ziele immer über andere Menschen stellen?

Ich sehe Aleksandar, wie er zusammengesunken nach dem Attentat im Wagen von Gott verwöhnt seine zweite Chance einfordert, obwohl er schon so viele zweite Chancen im Leben gehabt hat. Wie wird es mit dem Königreich Jugoslawien weitergehen? Wird sein junger Sohn Peter das Land regieren können? Wird es gelingen, die Nationalitätenstreitigkeiten in den Griff zu bekommen? Werden sich alle Nationen Jugoslawiens gerecht vertreten und behandelt fühlen und gerne in einem gemeinsamen Staat leben?

Ich sehe Kyrill, der die antiken Ikonen seiner Kirche an einen SS-Offizier verkauft, um genügend Geld für eine Flucht mit seiner Familie nach Deutschland zu haben. Welche Gewissensbisse musste er ertragen, um als Gläubiger und Priester diesen Ausweg akzeptieren zu können? Welchen Preis muss er für seine Anpassungswilligkeit zahlen und für seine Bereitschaft, neue Herren zu akzeptieren? Wird er in Deutschland leben können oder wird er nach dem Ende des Krieges als Kollaborateur an Jugoslawien ausgeliefert werden?

Ich sehe Vuk, der mit Freunden zusammen irrtümlich einen Schuppen abbrennen hat lassen und der sich nun beim Nachsitzen ärgert, dass er in der Schule langweiligen Parteivorträgen lauschen muss, anstatt das spannende Fußballspiel zu sehen. Wie wird er sich nach dreißig, fünfzig Jahren an das erinnern, was er da getan hat? Wie wird er mit dem Zusammenbruch des kommunistischen Regimes, unter dem er ja aufgewachsen ist, zurechtkommen? Wird er zielstrebiger werden, obwohl ihm sein Vater das nicht vorlebt? Wird er versuchen, seinen eigenen Kindern Vorbild zu sein und zu seinen Fehlern stehen?

Ich sehe Vasilje, der in der Zelle sitzt und nur darauf warten kann, dass er nach Hause darf. Nach Hause, wo ihn das Gespött seiner Nachbarn erwartet, wenn er ihnen erzählt, wohin ihn sein abgeschlossenes Fahrradschloss gebracht hat. Wie wird er ihnen und seiner Frau die Geschichte erzählen? Welche Ausschmückungen wird er bilden, vielleicht sogar bilden müssen, um sein Gesicht zu bewahren?

Ich sehe Franjo, der gemeinsam mit seinem Freund die Rakijaflaschen ergaunert hat und dann beim Diebstahl eines Motorrades verunglückt ist. Dass er angeklagt wird, steht außer Frage. Und dass er den Schaden nicht ersetzen kann, ebenfalls. Aber wie wird es bei ihm danach weitergehen? Wird er sich für das interessieren, was um ihn vorgeht oder wird er seine täglichen Alkoholrationen weiter erhöhen und sich irgendwann völlig aufgeben?

Ich sehe Dragana, wie sie unter dem, was ihre Großmutter getan hat, leidet und nun versucht, wenigstens ein bisschen wieder auszugleichen. Wird sie die Last der Geschichte ablegen können? Wird sie Muslimen jemals wieder unbefangen gegenüber treten können? Wird Jasmina es mit ihrer Familie schaffen, nach Österreich zu gehen? Wird sie dort mit Verständnis und Mitgefühl empfangen werden?

Ich sehe Ksenija, deren Betrugsversuch, einem Amerikaner ein fremdes, zugefrorenes Tal als ideales Gelände für einen Golfplatz zu verkaufen, nicht geklappt hat. Was wird das Betrugsopfer unternehmen? Wird es ihnen einen mafiösen Schlägertrupp auf den Hals hetzen? Werden die verhinderten Betrüger den Freunden des Amerikaners entkommen? Wenn ja, wohin werden sie flüchten? Wovon werden sie leben?

Ich sehe Slava vor ihrem zerstörten Haus im kalten Gras liegen und Slavko, wie er sich zu seiner geliebten Frau legt und sie beide mit einer Decke schützt. Sie werden sich sicher versöhnen, sobald Slava ihren Zorn beruhigt hat, denn die Liebe der beiden scheint wahrhaftig und tief. Aber wie werden sie das Loch in der Decke schließen, jetzt, wo sie keinerlei finanzielle Mittel mehr haben? Wird Slavko weiterhin seine Slava mit gut gemeinten Überraschungen beglücken wollen? Wird Slava wieder genug Vertrauen in die Stabilität der Decke finden, um unbelastet im Haus leben zu können?

Ich sehe Rado, wie er sich freut, in Deutschland ins Gefängnis zu gehen, weil er weiß, dass sich so lange jemand um seine Familie kümmert. Wie lange wird er einsitzen müssen? Wird es dem Anwalt gelingen, den Zigaretten- und Waffenschmuggel teilweise mit Gefälligkeitsgutachten aus der Welt zu räumen? Wird Rado tatsächlich nach seiner Entlassung für sein Schweigen belohnt werden? Werden weiterhin einige Clans mit Vertretern in höchsten Ämtern ungestört ihren verbrecherischen Geschäften nachgehen?

Ich sehe Dorka im eisigen Regen und ihr umgesägtes Apfelbäumchen, wie sie weder die Bora noch die Kälte spürt, weil sie mit dem Apfelbäumchen auch ihre erfüllt geglaubten Hoffnungen aufgibt und der die Angst vor der Zukunft den Hals zuschnürt. Was wird sie nun machen? Wird sie alleine mit ihrem Sohn leben? Wird sie einen neuen Partner suchen und finden? Wird sie aus den Fehlern, die man an ihr begangen hat, lernen können?

Ich sehe Boris, der mit seiner blutjungen thailändischen Frau eine Ehe eingegangen ist, die eine Vielzahl von Schwierigkeiten mitbringen wird. Wird er sich mit seinen früheren Partnerinnen aussöhnen? Wird er mit seiner neuen Frau eine Ehe führen, die auch in zehn Jahren noch beide zufrieden stellt, wenn er die sechzig überschritten haben wird, während sie kaum dreißig sein wird? Oder wird er gar in zehn Jahren abermals auf die Suche nach einer neuen Frau gehen?

Und ich sehe Vlasta, wie sie die russischen Prostituierten in ihrem Hotel nicht bezahlen kann und gleichzeitig nicht weiß, wo ihr geflüchteter Mann steckt, nach dem wegen einer Cannabisplantage gefahndet wird. Wird Vlasta das Hotel erhalten können? Wird sie ihren Mann wieder sehen? Werden die korrupten Polizisten und Politiker weiterhin vorwiegend von ihren persönlichen Vorteilen angetrieben werden? Werden die Mädchen wieder zurück nach Russland können? Wird sich die russische Mafia in Montenegro unwiderruflich etablieren?

Und schließlich sehe ich die Rentnergang im Altersheim, die ihren veruntreuenden Direktor Orbán erpresst und daraus kleine Lebensfreuden schöpfen kann. Werden sie das bis zu einem glücklichen Ableben so tun können? Wird die Europäische Verwaltung dem korrupten Orbán irgendwann das Handwerk legen?

All diese Geschichten und die handelnden Personen ziehen an meinen geschlossenen Augen vorbei, während das Donnergetöse leiser und seltener wird. Während ich das alles nochmals mit erlebe, erhalte ich die Antworten auf meine Fragen, die ich mir vor drei Jahren gestellt habe. Auf die Fragen nach Schuld und Unschuld.

Der Regen wird ruhiger, gleichmäßiger, die Tropfen werden kleiner. So schnell, wie alles begonnen hat, so schnell ist es nun wieder vorbei. Aus der Ferne ist noch ein letztes leises Grollen vernehmbar.

Es war ein erlösender Regen.

Ein Regen, der die Menschen von einer Last befreit zu haben scheint, denn mit einem Schlag füllt sich der Trg Republike wieder ebenso rasch, wie sich das Kaffeehaus leert und das Treiben wird lebhaft und lauter, so wie vor der Zeit der Hitze.

Die Menschen, die über den Platz gehen, wirken entspannter, gelassener und ausgeglichener als noch vor einer halben Stunde.

Mit dem Regen sind Ruhe, Zufriedenheit und Leichtigkeit vom Himmel gefallen.

Wer denkt jetzt noch an Schuld oder Unschuld?

Nicht einmal ich.

Biografische Daten

Gerhard Blaboll: Geboren 1958 in Wien-Dornbach. Berufliche Stationen: Feinmechaniker, Postdienst, Wirtschaftsjurist und Manager im Finanzsektor, Manager in internationalen IT-Konzernen.
Berufsbegleitende Ausbildungen: Fernmatura, Universitätsstudien Jus, Betriebswirtschaft, Geschichte.
Seit 2007 freiberuflicher Schriftsteller, Kabarettist und Moderator/Radiomoderator.
Künstlerische Zusammenarbeit u. a. mit Karlheinz Hackl, Elfriede Ott, Günter Tolar, Wiener Tschuschenkapelle, Peter Lodinsky, Gerald Pichowetz, Reinhard Nowak.
Neben seinen Liedern, Balladen und Gedichten mit feinsinnigem, selbstironischen Charakter in österreichischer Sprache schreibt er fesselnde, leicht lesbare historisch-philosophische Kurzgeschichten, die in verschiedenen Weltregionen spielen und überraschende Zusammenhänge aufzeigen.
Für Übersetzungen seiner Texte wurde er 2010 in Montenegro und 2011 in Serbien geehrt. Im Jänner 2013 wurde er als erster österreichischer Schriftsteller vom indischen Schriftstellerverband zu einem Vortrag beim World Poetry Congress in Kolkata eingeladen.
Blaboll ist Mitglied des P.E.N.-Clubs, der IG Autoren, der Literar Mechana u. a.

www.blaboll.at

Weitere Werke von Gerhard Blaboll:

„Von Kranken und Gsunden"
Buch, ISBN: 978-3-902447-28-9
Hörbuch (mit K.-H. Hackl), ISBN 978-3-902447-32-6

„Von Sportlern und Hättiwaris"
Buch, ISBN 978-3-902447

„Von Christkinderln und Weihnachtsmandeln"
Buch, ISBN: 978-3-902524-04-1
Hörbuch (mit E. Ott), ISBN 978-3-7085-0180-2

„Medizinal-Rat zum Quadrat"
CD (mit I. Kmentt), ISBN 978-3-7085-0189-5

„Des Lebn bei uns"
Buch, ISBN 978-3-902447-83-8

„Von Manderln und Weiberln"
Buch, ISBN 978-3-99024-042-7

„I bin a Hernalser Bua"
CD (mit C. Lechner & T. Hojsa), ISBN 978-3-99024-158-5

„Von Hacklern und Bürohengsten"
Buch, ISBN 978-3-99024-188-2

„Echt Wien – Kraut und Ruabn 1"
CD (Lieder von und mit H. Bäuml, R. Tettinek, G. Track, G. Etzler, Wiener Tschuschenkapelle, Mischwerk, G. Pfarrhofer u.a.)